ゆっくり学ぶ子のための

さんすうドリルA

（2けたまでの　たしざん　ひきざん）

遠山真学塾編

もくじ

（装丁・カット　畑中　満）

はじめに――先生方やお母さま方へ

子どもは算数が大好き

本来、子どもは算数が大好きなのです。

算数ほど、子どもたちがひとりで考えることを楽しんだり、数の変化をおもしろがることのできる教科はほかにはありません。大げさにいえば大自然の森羅万象を、0から9までの10コの数字と＋－×÷などの簡単な記号を組み合わせた、数と式によって表すことができるのです。

そして、算数の基礎的な知識や技術を身につけ、数少ない原理や原則を理解すれば、独力で自然の法則を解き、社会科学に挑戦していく道筋が、だれにでも可能になるのですから、これほどおもしろいものはありません。

にもかかわらず、実際には算数がよくわからない、計算が大嫌い、という子どもがたくさんいます。

算数嫌いを生み出すカリキュラム

ご存じのように、算数・数学の基礎には加減乗除（たし算、ひき算、かけ算、わり算）とよばれる四則計算があります。小学校以来おそらく数えきれないぐらいの四則計算や小数、分数などの計算をやらされたり、必要に応じてやってきた私たち自身の体験からも、計算の大切さはわかります。

ところが、その計算をどのように子どもたちに教えたり、学んでもらったらいいか、という考え方は、これまで日本にも欧米諸国にも、はっきりした理論や体系としてありませんでした。

よく「読み・書き・ソロバン（計算）」といいますが、その計算は、なんでもいいからできればいい、といったものでした。日本の算数の教科書では、どれも小学一年生で筆算を教えない内容になっています。2002年からの教科書も旧態依然のまま、横がきの暗算を子どもにおしつけています。まだ計算になれていない子どもにとっては、縦がきの筆算のほうが暗算よりもはるかにやさしく、わかりやすいのです。筆算をていねいに子どもたちに教えることが大切です。

もうひとつ、教科書の問題でいえば、算数・数学の内容がコマ切れになりました。たとえばたし算でみると、小学校一年生で一の位、二年生で十の位、三年生で百の位の計算となっており、たし算のくり上がりやひき算のくり下がりといった系統的有機的な理解を、わざわざ妨害するようなカリキュラムです。しかも一年では暗算中心、二年から筆算がようやく登場するというのですから、これでは小学一年生から算数嫌いになりかねません。

子どもを算数好きにするために

この計算ドリルは、本来子どもは計算好きであり、算数好きなのだ、という考えにもとづいてつくられています。まず、四則計算を科学的に分析し、計算の要素や過程に分類し、最小の努力で最大の成果をあげられるような創意と工夫を重ねて作成しました。数学者遠山啓東京工業大学名誉教授を中心に、仲間の先生方が日本の子どもたちに、もっともっと算数好きになってほしいと研究し、実践してきた「水道方式の算数」の計算体系をドリル化した内容です。

水道方式の算数では、タイルという教具を用いて、計算の仕組みを目でみて手で操作しながら構造的に理解できる特徴があります。このドリルでも、タイル図での説明を紙面の許すかぎり挿入しました(2002年から使われる学校の教科書でも、タイルとおなじブロックがたくさん登場してきました)。

水道方式の計算体系の第二の特徴は、筆算体系です。日本の算数教育では、はやく計算ができる子どもが、いわゆる頭のいい子で、計算がおそいとかにが手だという子どもは、落ちこぼれっ子としてしかみられない存在でした。でも、筆算はその仕組みを理解することによって、紙とエンピツさえあれば、どんな大きな位の計算でも、だれにでもできる安心感があります。すべての子どもを平等に計算好きにできるのです。

もうひとつの特徴は、四則計算にはそれぞれに演算の意味があることを明確にしたのが水道方式の算数でした。おなじ【1＋1＝2】の式でも、「あわせていくつ」と「加えていくつ」とでは、場面がちがい意味もちがうでしょう。合併と添加というたし算の意味のちがいがはっきりします。たんに「1＋1＝2」と計算が「できる」だけでなく、計算の意味を「わかる」ところまで、計算指導のときに大切にしてほしいとおもいます。

この計算ドリル（4冊）の構成とおねがい

この計算ドリルは、つぎのように全4分冊です。

A　2けたまでのたし算とひき算

B　3けた・4けたのたし算とひき算

C　かけ算

D　わり算

各巻のはじめに指導者のために、演算や計算の位置づけを示し、さらに計算のむずかしさを分析しています。そのうえで指導のポイントを総括的にまとめ、先への発展を考えられるようにしました。

計算の導入にあたっては、それぞれの計算問題を分析・分類して、いくつかのフレーム群に分けました。そこには、各フレームごとの特徴や指導上の注意点あるいは評価のポイントを記しています。

計算ドリルの基本は、筆算の問題を中心にしていますが、前後に文章問題やまとめの問題も配していますから、総合的な問題集でもあります。また、もし子どもたちがまちがえたときも、配慮した対応ができるようにしてあります。

最後に、このドリルの使い方ですが、子どもに計算をさせるまえに、指導者の方がまず指導の手引きやフレームごとの解説を読んで、子どもと一緒に考えながらすすむことをお願いします。そして、けっして急ぎすぎないように。このドリルの目的は、あくまでも子どもを算数好きにすることなのですから。

なお、解答も全問にわたって作成しましたが、できれば子どもたちの計算過程や計算メモなどにも目を配ってほしいので、解答表だけでの評価は、なるべく避けていただければとおもいます。

遠山真学塾主宰　小笠　毅

ドリルA 指導の手引き

たし算とひき算の位置付け

・このドリルは、はじめて出会うたし算とひき算から、2けたどうしの計算を中心にしています。子どもたちにとって、数字や数詞をはじめて学校で学び、それを応用する計算が「たし算」です。それだけにたし算をていねいに教えてあげて、好きになってもらうことは大切です。はじめてのたし算で計算ぎらい、算数ぎらいになってしまわれたら、そのあとがたいへんです。

・たし算は、子どもたちにとっても、数の構造を理解するのに最適なテーマです。1と1とがたされて2になり、その2に1をたすと3になり、3に1をたすと4になる……と、ひとつひとつの数字を成り立たせている考え方や見方が、じつによくわかる計算です。もうひとつ、日常の生活のなかでもたし算は、しょっちゅう出会う計算です。おつかいにいったときや遊びのなかで、数をかぞえたり加えたりしながら、たし算を自然に身につけていきます。だから子どもはたし算を好きになれるはずなのです。でも、学校の教科書では、残念ながらいまだに暗算中心の横がきの式が、小学一年生を算数ぎらいにさせているのです。

・ひき算は、子どもにとって、ちょっとむずかしいところがあります。というのも、ひき算は大きく分けると、2つの異なる意味をもつ計算だからです。ひとつは、全部で6このりんごから2こたべたとき、残りはいくつ、という意味をもつ「求残」の計算です。

もうひとつは、5このりんごと3このみかん、どちらがどれだけ多いか、という差を求める「求差」の計算です。

求残と求差という、まったく意味のちがう計算にもかかわらず、両方ともひき算で答えを求めるのですから、小学一年生前後の子どもたちには理解しにくいところもあります。

・そのうえ、ひき算もまた、教科書では暗算中心の横がきの計算しか教えません。これでは、ひき算を構造的にわかるはずがありません。はじめて出会うたし算もひき算も、縦がきの筆算形式になるべくはやく習熟させることが、計算好き・算数好きにする最初の秘訣でしょう。たし算·ひき算は、算数·数学の基礎であり、基本です。基礎的な計算技術をていねいに教え学ぶことと基本的な意味や考え方を大切にしたいものです。

たし算のむずかしさ

・たし算には、いくつかのむずかしいところがあります。

まず、はじめて出会う計算なので、たし算という意味が、よく理解のできない子どもがいます。数字やたし算の記号＋や答えの等号＝のつかい方がよくわからないのです。数と記号で表す式は、もっとも抽象的な性質をもつものだけに、くり返し具体的な場面をみせながら導入しないと、意味も計算もわからない子どもが増えるでしょう。

・つぎに、暗算中心の横がきの教科書が子どもの計算ぎらいを毎日製造していることです。どうして小学一年生に横がきのたし算ではなく、筆算形式の縦がきのたし算を教えないのか、まったく理解できないのですが、2002年からの教科書もおなじように小学一年の教科書は、まだまだ横がきのたし算しか教えない内容です。位取りもはっきりわからない小学一年生に、暗算は脳の負担を大きくし、考える力を減退させる負の効果しかない、無意味な計算です。

横がきの式　2＋3　　23＋34

縦がきの式

```
  2      23
＋3     ＋34
───    ────
```

・さらに、暗算や横がきのたし算では、くり上がりの構造的な理解が、一部の利発な子どもを除いて、ほとんどできないことです。インド・アラビア数字の表記がすばらしいのは、十進位取りの原理を生かし、筆算の計算がだれにでもできることです。たし算のくり上がりの意味がわかることは、十進位取りの原理を理解することでもあるのですが、学校の教科書だけでそのことを理解するのはたいへんです。

・さいごに、たし算の方法、計算の指導方法のむずかしさが、子どもの計算力を左右するところです。

たし算の計算では、３つの方法があります。

ひとつは、数えたしの方法で答えを求めるものです。７＋８を例にすれば、７を頭の片隅において、あと８つ分を指で数えて答えの15を求める方法。

つぎに、７に８のなかから３をとって、７と３で10をつくり、残りの５とをあわせて15を求める10の補数の計算法。

・もうひとつは、７を５と２，８を５と３に分解して、５と５で10，２と３で５，答えは15とする「５・２進法」の計算方法です。先生や親がどう教えているかによって、たし算の計算にも好き・嫌いがでることが、これによってもわかります。

やさしそうなたし算も、子どもにとっては、やはりむずかしいことを、ご理解いただけるでしょう。

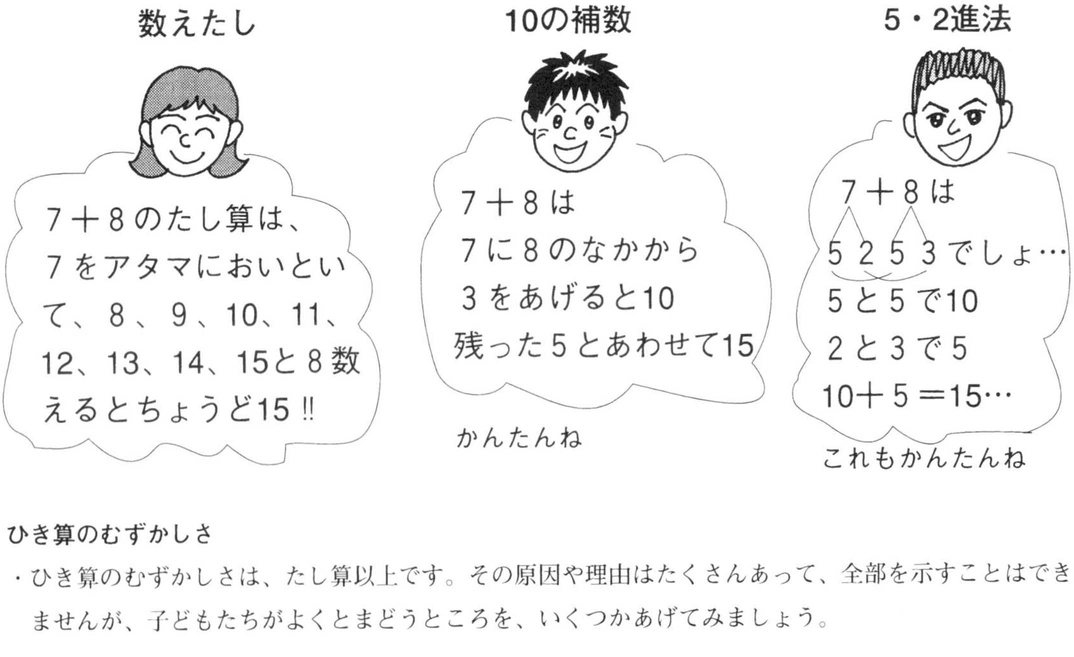

ひき算のむずかしさ

・ひき算のむずかしさは、たし算以上です。その原因や理由はたくさんあって、全部を示すことはできませんが、子どもたちがよくとまどうところを、いくつかあげてみましょう。

・まず、ひき算のイメージが、子どもに好かれないという情緒的な反応です。残りはいくつ、といってもそんなことを知るか、という他人事としての反応です。６このアメから２こもらってたべました。残りはなんこですか、ときかれても、たべた２こはうまかったという実感があっても、残りがいくつなんて知ったことか、ということです。

・さらに、くり下がりのむずかしさは、おとなの人でもひき算はいやだなあ、とおもっているぐらいのもの。くり下がりが２回も３回もある計算は、ほんとうにむずかしいのです。

・もうひとつ、小学一年生でさんざん暗算でひき算をさせられます。ひき算こそ縦がきの筆算にふさわしい計算なのに、どうして小学一年生で筆算を教えないのか不思議です。これで基礎・基本が定着するとはおもえないのです。

・それから、たし算は交換法則といって、たす数とたされる数は、どちらからでもたしあわせると、当然おなじ答えになるのですが、ひき算は、ひかれる数とひく数の順序を交換してはいけません。交換法則が成り立たないのですが、これもはじめて出会うときにしっかり教えておかなければならないことです。

交換法則

２＋３＝３＋２　○

２－１＝１－２　×

・また、くり下がりの計算で、となりの10を「借りてきて」といいますが、あどけない子どものなかには「借りたものは、返します」と、答えの数をわざわざ“お返し”する人もいます。それをふせぐには、となりの10を「もらってきて」というように教えることです。ここでも、ひき算ってむずかしいなあ、と子どもにおもわせてしまいかねません。

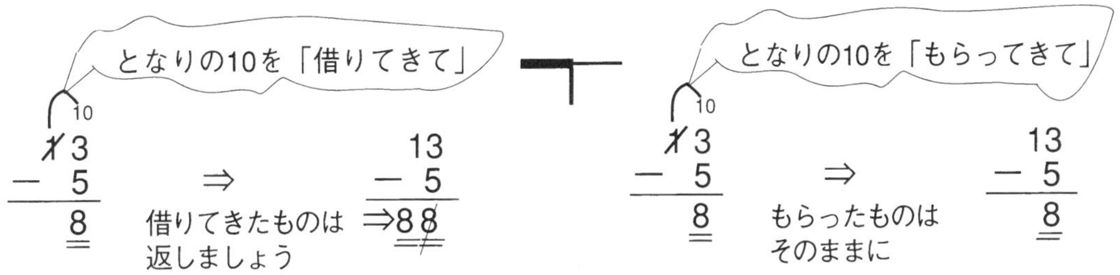

・2002年からの学習指導要領に基づく教科書では、たし算・ひき算の系統的な教え方がなくなりますから、いま以上に子どもを苦しめることになりそうです。

ちなみに、小学一年生はたし算・ひき算の意味と１けた、二年生は２けた、三年生は３けたどうしの計算で、４けた以上のたし算・ひき算はなくなります。千円札でのおつりを計算できない子どもが、ひょっとするといっぱい登場するのではないかと心配しています。

このドリルは、１けたと２けたのたし算とひき算の基礎的な計算技術を、科学的に学べるよう工夫されています。ご活用ください。

なお、このドリルとともに３けた以上のたし算とひき算を中心にした「ドリルＢ」もあわせてご利用くださいますよう、おすすめします。

たし算の教え方—１から９までのたし算と０のたし算

・たし算のキーワードは、「ガチャーン」と「あわせていくつ」です。

たし算の意味には、あわせていくつ（合併）とつけ加えていくつ（添加）に分けることができますが、小学生がはじめて出会うたし算の計算で「ガチャーンは、たし算だ」と、印象深く計算の意味を目と手とことばで体得してもらいます。たしたり、ひいたりする計算の式が、動作や操作という「動き」を表す内容を「＋」とか「－」の簡単な記号でむすんでいるのです。とくにたし算記号の＋は十字架のようで子どもも好きなもの。ガチャーンのときは十字架のしるしだよ、と覚えてもらいましょう。

タイルをあわせて　ガッチャーン

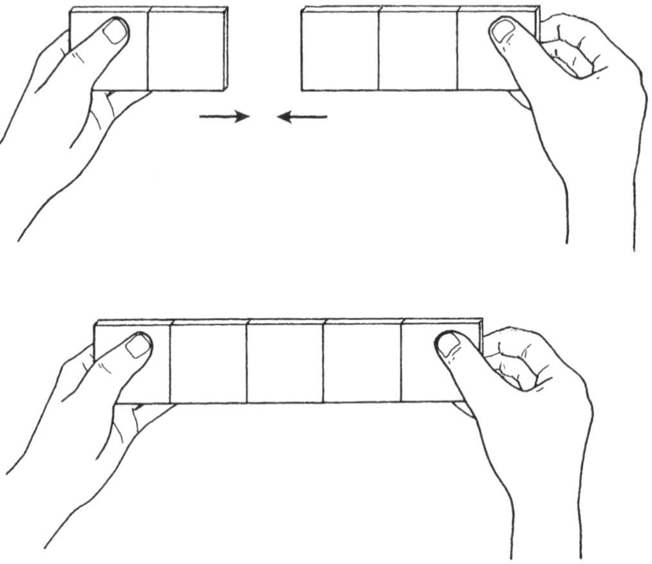

・ところで、たし算の計算では、いくつかのステップに分けて教えるとわかりやすいことが、遠山啓先生や仲間の先生たちによって科学的に証明されています。よく「タイルをつかう水道方式の算数」とよばれている教授法です。このドリルも水道方式のシステムにそって構成されています。

・では、たし算の計算の順序とその教え方のポイントをひとつひとつまとめてみましょう。

まず、１から５までの数をつかうたし算です。水道方式では教科書とちがって、５までの数でいったん基礎的なたし算の計算の仕組みを子どもに示します。教科書では１から10までの数字を、あっというまにおわらせますが、これでは子どもの負担が大きくなります。

・１から５までのたし算の計算は、それこそ生まれてはじめての計算です。はじめは身近なアメやくだもののような具体物を皿の上において、たし算のイメージをつけてあげましょう。皿の上にアメを２こと、おなじように皿の上におなじアメを３こ、もう一枚の皿を用意してその皿に両方のアメを「ガチャーン」といいながらあわせてのせます。おなじアメとかりんごでないと、たし算の答えがむずかしくなります。２＋３の式と答えの５を教えるためには、子どもに興味や関心のあるものを用意してからはじめましょう。もちろん、答えの等号＝もここでていねいに教えましょう。

タイルでたし算

2 ＋ 3 ＝ 5

□□＋□□□＝□□□□□

・つぎに、タイルの操作や図を描けるように指導します。まだえんぴつのもち方もままならないのに、タイル図を描かせるのもたいへんですが、目でみて、手で描いて、数字や記号の意味を理解することが、式や答えといった抽象的な算数・数学への大切なテクニックです。計算の技術がスタートするのです。

・つづいて、0の入ったたし算にすすみます。0という数はなにもない数ではなく、ここでは「あるべきところにない数」としてあつかいます。2＋0の式は、片方の皿にりんごが2こ，もう一方の皿にはりんごが0こ、大きな別な皿にあわせていれるときに成り立つ式です。あわせるときに、0この皿が大切な役割をもちます。0このりんごがあるのです。

2＋0＝2

・つぎは、6から9までの数のたし算です。

水道方式の算数では、6から9までのたし算の計算では、5・2進法という方法で指導します。6は5と1，7は5と2，というように5をひとつのまとまりにし、計算をしやすくします。たとえば、6＋7の式では、6と7に共通の5と5をあわせて10とし、残りの1と2で3、10と3を合計すると答えが13、と二段階で求めます。

7＋6＝ 7 ＋ 6 ＝13

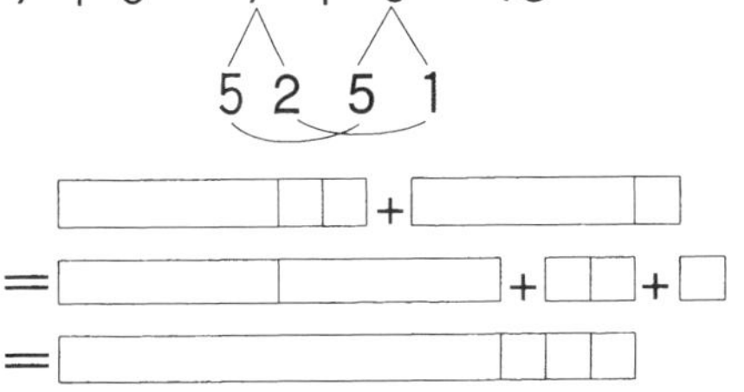

（5＋2）＋（5＋1）

（5＋5）＋（2＋1）

10 ＋ 3 ＝13

・もうひとつは数えたす方法です。9＋6の式で、大きな数9を頭において、10、11、12……と6こぶん数をかぞえて、答えの15を求める方法です。

さいごに、あといくつたせば10になるかを考え、補いたす方法です。8＋6の式では、8に6のなかから2をあげれば10になり、残りの4と合計して答えを14にするのです。数えたしに似ていますが、考え方では一歩すすんでいるでしょう。

もちろん、おすすめは5・2進法。これをマスターすることで、基礎的な計算力がグーンとアップします。

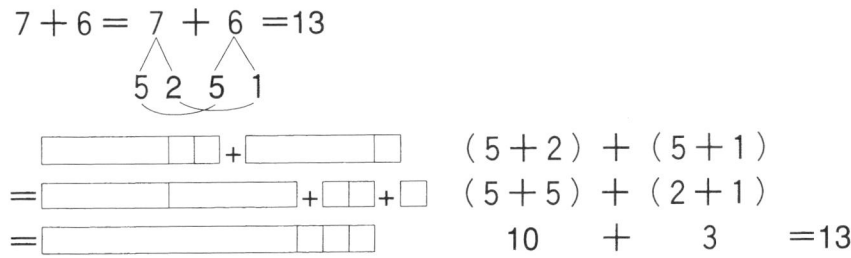

ひき算の教え方—1から9までのひき算と0のひき算

・ひき算の場合も1から5までと6から9までの二段階に分けて指導します。

ひき算のむずかしさは、子どもの心理的な抵抗とでもいえるところにあります。3このりんごから1こをとったら、残りはいくつ、というひき算の論理にあんがい落とし穴があるのです。子どもは自分がもらった1このりんごには関心がありますが、残りはいくつ、ときかれても興味をもちません。それだけにひき算のキーワードは「残りはいくつ」とくり返し意識づけるところにあります。

・もうひとつ、横がきのひき算の計算では、かならず前の数から後の数をひくこと。縦がきの場合は、上の数から下の数をひくことを、くり返し強調する必要があります。

さて、1から5までのひき算も、はじめてひき算をする子どもには、アメやりんごをつかって、具体的なイメージを定着させます。皿の上に3このアメをおく、そこから1ことらせて「残りはいくつ」と問いながら　3－1の式と答えの2を「＝」の記号でむすばせます。3－1＝2の式と答えの完成ですが、アメだけでなく、りんごやみかんでくり返しイメージの強化をはかります。ひくの記号「－」も「3から1をひくときにつかう印しだよ」と声がけしておきましょう。

・つぎにタイルの計算で注意しておきたいところがあります。ひき算は残りを求める計算ですから、たし算のタイル図のように、ひかれる数もひく数も両方タイルを描かないように指導する必要があります。数字をみたらすぐタイル、という条件反射のようにひき算でも両方のタイルを描く子どもがいますが、そのようなときには、くり返し「ひかれる数のタイルから、ひく数ぶんだけとって、残りはいくつ、って考えてよ」とか「前の数のほうだけタイルを描いて、そこから後の分だけとる、残りはいくつかな」と指導します。

3－1のタイル算

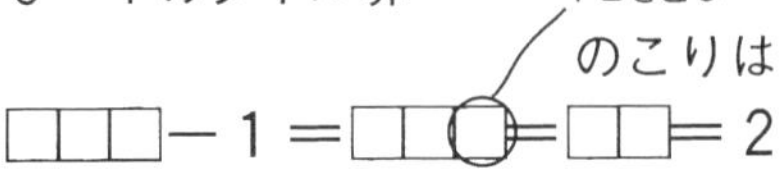

・なお、指で計算する子どもの場合も、ひかれる数だけ指をたてて、そこからひく数をとるように指導します。よく両方の数を両手の指でたててどうしたらいいのか、まよってることがありますが、たし算の名残りです。ていねいにひき算とのちがいを、教えてあげましょう。

・さいごに、0をひく計算ですが、3－0の式と答えでは、皿の上のりんご3こをおいておき、そのうえを空をつかむように「0ことった、残りはいくつ」と教えます。0をとる、というイメージと答えの3とが、なんにも変わらないことに気づくでしょう。0をひく、はなにもしないのではなく、ちゃんと動作のある計算なんだと、納得できるとおもいます。もちろん　0－0の式では、皿はあってもりんごはない状態を示し、そこから「0をとった、残りはいくつ」と空をつかむ動作をすることです。答えは皿の上にりんごは0こ、0－0＝0ということです。

3－0のイメージ

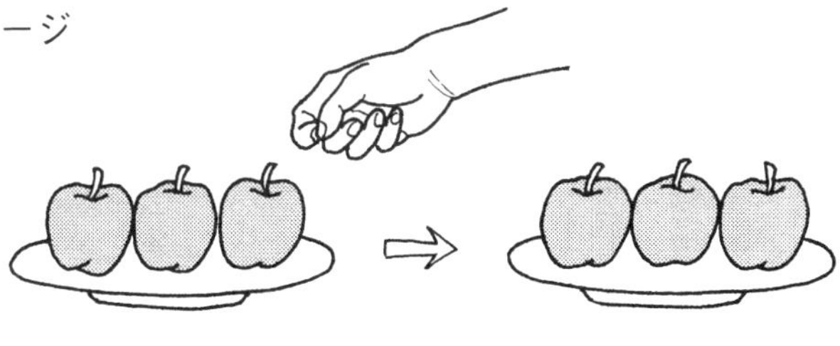

2けたのたし算の教え方

・遠山啓先生や仲間の先生方が考案された「水道方式の算数」では、2けたの数のたし算をいろいろなパターンに分けます。2けたどうしのたし算が3240組，2けたと1けたのたし算が1710組，合計4950組もあるなかから、たった18のパターンに分けるのです。それをまた「くり上がりなし」と「くり上がりあり」に二分し、子どもにできるだけ少ない練習で、最大の効果をあげられるようにシステム化されています。

このドリルでも、それぞれのフレームごとに「一般から特殊へ」と、やさしい計算から少しずつ変化した型の計算へと、ていねいに型分けされています。

・まず、一般的な2けたのたし算は、22＋22の式のような、くり上がりのない標準型の計算です。これを縦がきに直します。一と十の位を揃えて、上下にかきます。

はじめてのときは、原稿用紙をつかって、ちゃんと位を揃えられるよう工夫してください。計算は一の位からします。くり上がりなしの型ですから、十の位から計算してもおなじ答えになりますが、後々のことを考えて一の位からたしていく方法をおすすめします。

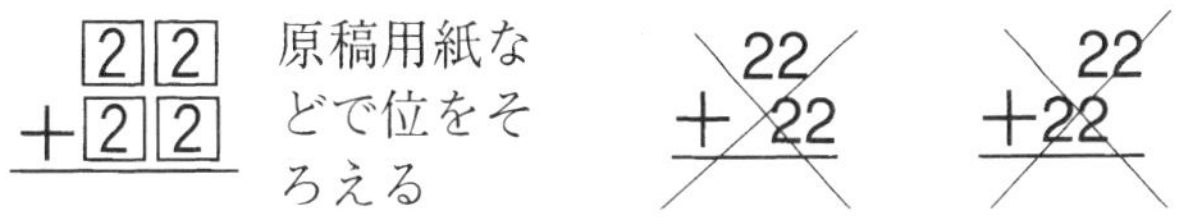

・つぎは、22＋20、20＋22、20＋20の式のように0のはいった2けたの数のたし算です。このパターンもくり上がりなしですから簡単です。

そして、2けたのたし算でのポイント「くり上がり」のパターンです。29＋29のように、一回のくり上がりをふくむたし算です。すでに9＋9の計算で5・2進法をつかえるようでしたら、それほどむずかしくありません。

・計算の順序は、まず一の位の9＋9をたします。答えの18で、くり上がりの1を十の位にメモします。このメモのしかたについてはいくつかありますが、十の位の上にメモする(1)がふつうでしょう。ただ、この(1)のメモをそのままおいておけばいいのに、わざわざ消す子どもがいます。メモすることがわるいとおもっているのです。だれでもメモすることがあるんだよ、と勇気づけてください。

・もうひとつ、原稿用紙などの枠のある計算用紙をつかう場合には、答えの欄の下にメモする手もあります。文字通り問題と答えを一線で画しているのです。三年生以降の多位数のかけ算では、たくさんのくり上がりがでます。このときにメモすることも多いのですが、答えの欄のメモが力を発揮します。

・つぎに十の位の2＋2の答え4とくり上がってきた1をたして十の位は5。答えは58となります。

29＋29の筆算のメモ

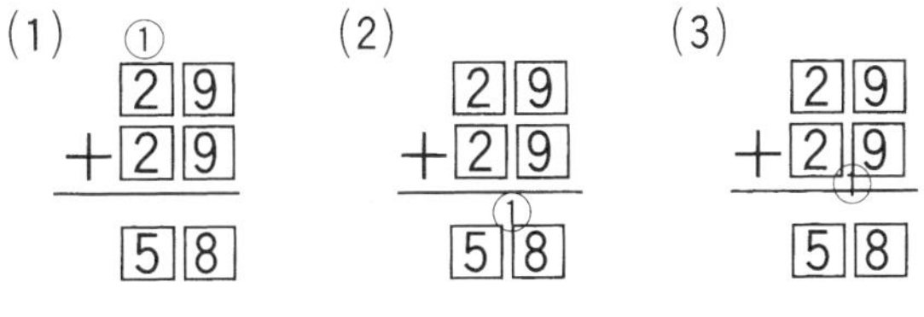

2けたのひき算の教え方

・2けたどうしのひき算は、「くり下がりなし」と「くり下がりあり」に分けられます。

まず、くり下がりのないひき算の計算で一般的な 48−23 のような式からはじめます。一の位，十の位ともくり下がりがなくひくことができます。

```
  [4][8]
−[2][3]
────────
  [2][5]
```

もちろん、数字だけのひき算もここまでくればできるでしょうが、もういちどタイルで計算しておきましょう。また、数字だけでは不安な子どもには、いつもタイルを用意しておけば安心感があります。

・ひき算の計算は、まず一の位からはじめます。８－３＝５ですから、一の位の答えの場所にかかせます。つづいて十の位の答えにすすみます。４－２＝２ですから、十の位の答えのところにかきます。そしてもういちど　48−23=25と式と答えをよみあわせましょう。上の数から下の数をひくことと、ひき算する上の数より答えの数が、小さくなっていることを確認するのです。

そこから　46−30，47−27，50−30，78−74，54−51，46−40 のように、式や答えに「０」のある特別な計算にすすみます。とくに答えが「０」をふくむ計算では一の位の答えの「０」は、かならずかくこと。十の位の答えが「０」になり、一の位に数をかいてある場合には、十の位の「０」は、かく必要がないことをていねいに説明します。

・つづいて、80−80　のように答えが「０」だけのときも、なにもかかなくていいとおもっている子どももいますから、ここでも一の位に「０」をかならずかくよう指導し、「０」という数字が、大切な役割をはたしていることを説明しておきましょう。

```
  [8][0]
−[8][0]
────────
  [ ][0]  答えの０を
          必ずかくこと
```

・さいごに、くり下がりのある計算ですが、ひとつのヤマ場ですので、ていねいに指導しましょう。その秘訣はやはりはじめにタイルでくり下がりの原理を、みせて、操作してもらいながら、ことばで表してもらうことです。

まず、63−39 のような式で考えてみましょう。ひき算は一の位からはじめますから、３－９ですが、「３から９はひけないから、となりの10をもらってきます」といいながら、十の位の１本のタイルを一の位にもらってきます。昔から「となりの10を借りてきて」とよくいわれてきましたが、タイルでも数字でも「もらってきて」が、誤解をふせぐいい方です。

このとき、「１本の十のタイルが一の位では10こにヘンシーン」と、大げさにくり下がりの意味を「ヘンシン」ということばで、印象深く表しておきましょう。そして「もらった10から９をひくと残りは１，はじめにあった３とあわせて、一の位は４が残っています」と確認します。タイルでみるとよくわかります。

つぎに、「十の位の６本から一の位に１本あげた残りの５本のタイルから十の位の３本をひくと残りは２本です。63−39=24です」と、ことばに表しておきましょう。

・数字どうしの計算のときに、頭のなかでこのようなことばを想起できるくらいになると、ひき算のく

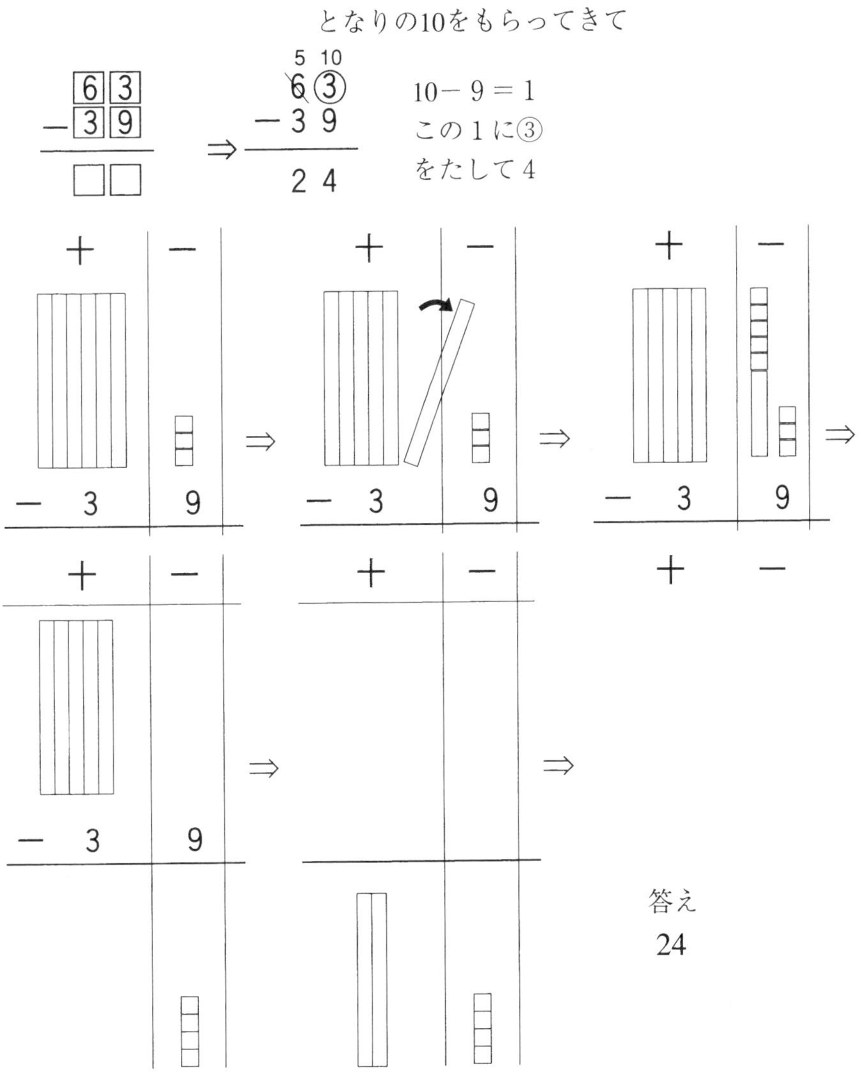

り下がりもこわくありません。ここでも原理や原則をていねいに、という大切なポイントを再確認できるでしょう。

くり下がりの計算では、くり下がってくる10をどこにメモするかも大切です。たし算のところに示したメモのしかたを参考にして下さい。

2けたのたし算とひき算からの発展

・2002年の新しい学習指導要領では、小学一年生が1けたの、小学二年で2けたの、小学三年で3けたのたし算とひき算を「最低基準」としました。学校の週休2日制にあわせて、教育内容の3割削減と授業時間の大幅カットによる子どもへのシワ寄せが、4けた以上の計算を小学校の算数から無理やり追い出してしまった、といっていいかもしれません。

・ところがもう一方で、基礎・基本を大切に教え学ぶこと、というのですから矛盾があります。このドリルの2けたまでのたし算とひき算は、基礎のなかの基礎といってもいいすぎではない重要な計算の技術であるとともに、数の概念や十進構造の仕組みを習熟できる、大切な内容です。

・まず、数はたし算によってその領域を無限に拡張できることを、子どもにも知ってもらえます。子どもはほんとうに数が好きですし、たし算によって数が大きくなることに、神秘を感じているようにおもいます。一十百千と位取りが大きくなるとき、そこにはたし算の考え方がいつもあることを指導してください。

・また、筆算は十進位取りの原理をそのまま生かした計算法です。「10になったら、となりの位にヘンシン」を合言葉に、どんなに大きな数になっても、たし算の仕組みはつねにおなじであること、たせば数が大きくなることを指導してあげましょう。

さらに、小学二年生以上の場合には、同数累加（2＋2＋2とか3＋3＋3＋3……）では、かけ算にもなることも大切なところです。2＋2＋2は2×3，3を4回たすときには3×4など、たし算とかけ算との関係にも注目させてあげましょう。

・ひき算については、残りを求める計算であり、ひいた答えがもとの数字よりも小さくなるとか、くり下がりの計算がむずかしいなどと、あまり子どもには人気がないのですが、日常生活ではたし算以上に大切な計算です。

さらに、2けた以上のひき算になればなるほど、くり下がりの計算がもっとむずかしくなります。それだけにこのドリルで習熟してほしいところです。

小学三年生からは「わり算」が登場しますが、そのキーポイントはひき算がうまくできるかどうかでしょう。ゆっくりでもいいから、着実にひき算ができることが、わり算をたのしめる大切な計算の基礎技術といえるでしょう。

☆

フレーム１

Ⅰ　フレーム１で学ぶ計算問題の型分け

	0	1	2	3	4	5	6	7	8	9
0	0+0	1+0	2+0	3+0	4+0	5+0	6+0	7+0	8+0	9+0
1	0+1	1+1	2+1	3+1	4+1	5+1	6+1	7+1	8+1	9+1
2	0+2	1+2	2+2	3+2	4+2	5+2	6+2	7+2	8+2	9+2
3	0+3	1+3	2+3	3+3	4+3	5+3	6+3	7+3	8+3	9+3
4	0+4	1+4	2+4	3+4	4+4	5+4	6+4	7+4	8+4	9+4
5	0+5	1+5	2+5	3+5	4+5	5+5	6+5	7+5	8+5	9+5
6	0+6	1+6	2+6	3+6	4+6	5+6	6+6	7+6	8+6	9+6
7	0+7	1+7	2+7	3+7	4+7	5+7	6+7	7+7	8+7	9+7
8	0+8	1+8	2+8	3+8	4+8	5+8	6+8	7+8	8+8	9+8
9	0+9	1+9	2+9	3+9	4+9	5+9	6+9	7+9	8+9	9+9

◀たし算の素過程の表

	0	1	2	3	4	5	6	7	8	9
0	0−0	1−0	2−0	3−0	4−0	5−0	6−0	7−0	8−0	9−0
1	0−1	1−1	2−1	3−1	4−1	5−1	6−1	7−1	8−1	9−1
2	0−2	1−2	2−2	3−2	4−2	5−2	6−2	7−2	8−2	9−2
3	0−3	1−3	2−3	3−3	4−3	5−3	6−3	7−3	8−3	9−3
4	0−4	1−4	2−4	3−4	4−4	5−4	6−4	7−4	8−4	9−4
5	0−5	1−5	2−5	3−5	4−5	5−5	6−5	7−5	8−5	9−5
6	0−6	1−6	2−6	3−6	4−6	5−6	6−6	7−6	8−6	9−6
7	0−7	1−7	2−7	3−7	4−7	5−7	6−7	7−7	8−7	9−7
8	0−8	1−8	2−8	3−8	4−8	5−8	6−8	7−8	8−8	9−8
9	0−9	1−9	2−9	3−9	4−9	5−9	6−9	7−9	8−9	9−9

◀ひき算の素過程の表

Ⅱ　フレーム１の特徴と活用のしかた

フレーム１では５までのたし算・ひき算と０を学びます。

わたしたちが十進法を使うようになったのは、人の手の指が10本あるからだといわれています。文字どおり、手近にある両手の指と物とを対応させて数をとらえていたのです。このフレームでは両手を使う一歩前の段階として、片手で扱える５までの数に注目し、たし算とひき算を学びます。

よく学校から給付される計算教具のなかには、５でまとまりを作れる物があります。それを使うと５までの数がよくわかります。

０は人類が数を使いはじめた、ずっとあとになって作りだされました。目にみえない物を数字にあらわすという発見によって、数字の後や前に０をつけるだけでどんなに大きな数も、また小さな数もあらわせるようになりました。０を子どもに教えるときは「あるべきところになにもない」ことを意識させるために、右の図のように入れ物になるお皿などを用意します。そして初めはあったのに、１こずつへって最後にはお皿の上になにもなくなってしまったときが「０」ということを教えましょう。０の神秘を子どもと一緒に実感しながら学習をすすめていきたいものです。

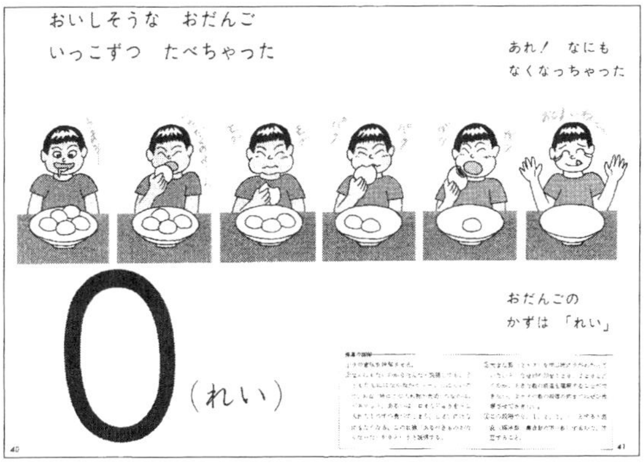

『さんすう２』（同成社刊）より

Ⅲ　評価基準

このフレームでは５までの数のたし算・ひき算と０の理解に重点をおきます。もしもA５で０の計算にまちがいが目立つようなら、A３・４にもどってタイルや具体物でもう一度確認しましょう。またたし算とひき算の区別が不安な場合には、あわせるのはたし算、残り（差）を出すのはひき算ということを確認しましょう。

５までの数のたし算・ひき算はすべての計算のもとになっています。このフレームの計算については答えを覚えてしまうくらい、なん度もくり返し学習できるといいでしょう。２けたまでのたし算・ひき算を扱うドリルAをすすめるときは、心身障害学級・養護学校用『さんすう２・３・４』（同成社）を参考にされることをおすすめします。

A 1　5までのたしざん（0なし）

① $1 + 1 =$

② $1 + 2 =$

③ $2 + 2 =$

④ $1 + 4 =$

⑤ $3 + 1 =$

⑥ $2 + 3 =$

⑦ $2 + 1 =$

⑧ $4 + 1 =$

⑨ $1 + 3 =$

⑩ $3 + 2 =$

●指導者の方へ●

ここで間違えた問題については、もう一度、タイルを使ってたし算の意味を確認しなおしてみましょう。

A 2　5までのひきざん（0なし）

① 4－3＝

② 3－2＝

③ 5－1＝

④ 2－1＝

⑤ 5－2＝

⑥ 3－1＝

⑦ 5－4＝

⑧ 4－1＝

⑨ 5－3＝

⑩ 4－2＝

●指導者の方へ●

ここで間違えた問題については、もう一度、タイルを使ってひき算の意味を確認しなおしてみましょう。

A 3　5までのたしざん（0あり）

① 3 + 0 =　　　② 0 + 5 =

③ 0 + 1 =　　　④ 4 + 0 =

⑤ 0 + 0 =　　　⑥ 0 + 2 =

⑦ 5 + 0 =　　　⑧ 0 + 3 =

⑨ 0 + 4 =　　　⑩ 1 + 0 =

⑪ 2 + 0 =

【5までのたしざん（A1・A3）の小《しょう》まとめ】

① 3 + 0 =　　　② 2 + 3 =

③ 4 + 1 =　　　④ 0 + 0 =

⑤ 0 + 5 =　　　⑥ 1 + 3 =

⑦ 2 + 2 =　　　⑧ 2 + 0 =

A４　５までのひきざん（０あり）

①　２－２＝

②　３－０＝

③　１－０＝

④　５－５＝

⑤　４－４＝

⑥　４－０＝

⑦　２－０＝

⑧　０－０＝

⑨　３－３＝

⑩　１－１＝

⑪　５－０＝

【５までのひきざん（A２・A４）の小《しょう》まとめ】

①　３－２＝

②　４－０＝

③　３－３＝

④　５－１＝

⑤　４－３＝

⑥　１－１＝

⑦　０－０＝

⑧　２－１＝

A5　5までのけいさん　まとめ

1 たしざんをしましょう。

① 2＋3＝　　② 1＋4＝

③ 3＋1＝　　④ 1＋2＝

⑤ 2＋2＝　　⑥ 4＋0＝

⑦ 3＋2＝　　⑧ 4＋1＝

⑨ 0＋1＝　　⑩ 0＋0＝

2 ひきざんをしましょう。

① 3－2＝　　② 3－1＝

③ 4－2＝　　④ 2－1＝

⑤ 5－4＝　　⑥ 4－1＝

⑦ 5－3＝　　⑧ 2－2＝

⑨ 1－0＝　　⑩ 0－0＝

フレーム２

Ⅰ　フレーム２で学ぶ計算問題の型分け

◀たし算の素過程の表

	0	1	2	3	4	5	6	7	8	9
0	0+0	1+0	2+0	3+0	4+0	5+0	6+0	7+0	8+0	9+0
1	0+1	1+1	2+1	3+1	4+1	5+1	6+1	7+1	8+1	9+1
2	0+2	1+2	2+2	3+2	4+2	5+2	6+2	7+2	8+2	9+2
3	0+3	1+3	2+3	3+3	4+3	5+3	6+3	7+3	8+3	9+3
4	0+4	1+4	2+4	3+4	4+4	5+4	6+4	7+4	8+4	9+4
5	0+5	1+5	2+5	3+5	4+5	5+5	6+5	7+5	8+5	9+5
6	0+6	1+6	2+6	3+6	4+6	5+6	6+6	7+6	8+6	9+6
7	0+7	1+7	2+7	3+7	4+7	5+7	6+7	7+7	8+7	9+7
8	0+8	1+8	2+8	3+8	4+8	5+8	6+8	7+8	8+8	9+8
9	0+9	1+9	2+9	3+9	4+9	5+9	6+9	7+9	8+9	9+9

◀ひき算の素過程の表

	0	1	2	3	4	5	6	7	8	9
0	0−0	1−0	2−0	3−0	4−0	5−0	6−0	7−0	8−0	9−0
1	0−1	1−1	2−1	3−1	4−1	5−1	6−1	7−1	8−1	9−1
2	0−2	1−2	2−2	3−2	4−2	5−2	6−2	7−2	8−2	9−2
3	0−3	1−3	2−3	3−3	4−3	5−3	6−3	7−3	8−3	9−3
4	0−4	1−4	2−4	3−4	4−4	5−4	6−4	7−4	8−4	9−4
5	0−5	1−5	2−5	3−5	4−5	5−5	6−5	7−5	8−5	9−5
6	0−6	1−6	2−6	3−6	4−6	5−6	6−6	7−6	8−6	9−6
7	0−7	1−7	2−7	3−7	4−7	5−7	6−7	7−7	8−7	9−7
8	0−8	1−8	2−8	3−8	4−8	5−8	6−8	7−8	8−8	9−8
9	0−9	1−9	2−9	3−9	4−9	5−9	6−9	7−9	8−9	9−9

Ⅱ　フレーム２の特徴と活用のしかた

このフレームの計算をはじめる前に、６から９までの数を十分に教えましょう。これらは五タイルといくつかの一タイルからできています。

フレーム１で５までの数をマスターしていれば、６から９までの数を理解することはそれほどむずかしくありません。図のように一タイルを５こつなげたタイルの切れ目をとってしまえば、５のかたまりの五タイルができます。それに１から４までのタイルをつなげると、６、７、８、９のタイルになります。

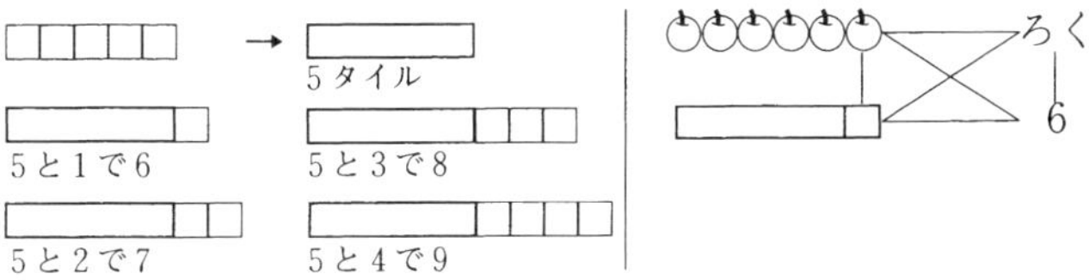

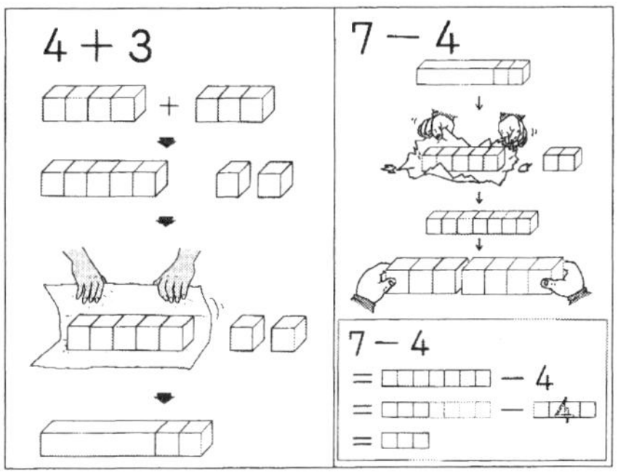

『さんすう3』（同成社刊）より

このように５のまとまりを意識して、「具体物ータイルーことばー数字」の四者関係をじっくりと身につけてから、計算問題に取りくんでください。

９までのたし算とひき算のなかでいちばん複雑な（４＋３）型と（７－４）型の計算では、５のまとまりがかぎになります。

４＋３では３を１と２に分解し、４に１を補ってまず五タイルを作ります。そして２と先ほど作った５をあわせて、答えの７を導きます。

７－４では五タイルを一度バラします。そこから４をとり、のこりをあわせて答えの３を導きます。

Ⅲ　評価基準

ここでは９までの数の四者関係を十分身につけましょう。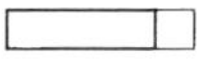（タイル）を６（数字）と結びつけたり、ろく（ことば）ときいて （具体物）を用意したりできるようにしましょう。それによって（４＋３）型と（７－４）型で５のかたまりを作ったりバラしたりといったむずかしい考え方が、スムーズにできるようになります。

A14・15ではまとめをします。ここでまちがいの目立つ問題パターンについては、子どもと一緒にゆっくりと、タイルを使って学びなおしたいものです。

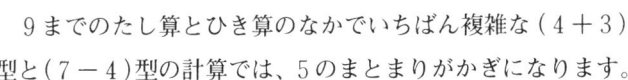

A 6　9までのたしざん
（5＋2）がた

① 5＋2＝

② 3＋5＝

③ 2＋5＝

④ 5＋4＝

⑤ 1＋5＝

⑥ 5＋1＝

⑦ 4＋5＝

⑧ 5＋3＝

●指導者の方へ●

ここで間違えた問題については、もう一度、タイルを使ってたし算の意味を確認しなおしてみましょう。

（例）5＋2＝

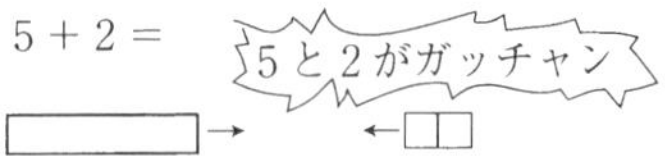

A 7　9までのたしざん
（6＋2）がた

1 たしざんをしましょう。

①　6＋2＝　　②　7＋0＝

③　9＋0＝　　④　6＋1＝

⑤　7＋2＝　　⑥　8＋0＝

⑦　6＋0＝　　⑧　7＋1＝

⑨　8＋1＝　　⑩　6＋3＝

2 たしざんをしましょう。

①　2＋6＝　　②　1＋8＝

③　0＋6＝　　④　2＋7＝

⑤　1＋7＝　　⑥　0＋9＝

⑦　0＋8＝　　⑧　1＋6＝

⑨　3＋6＝　　⑩　0＋7＝

A8　9までのたしざん
（4＋3）がた

1 たしざんをしましょう。

① 4＋2＝

② 3＋3＝

③ 3＋4＝

④ 4＋3＝

⑤ 2＋4＝

⑥ 4＋4＝

2 たしざんをしましょう。

【9までのたし算（A6・A7・A8）の小《しょう》まとめ】

① 5＋2＝　　② 0＋9＝

③ 3＋3＝　　④ 4＋5＝

⑤ 7＋0＝　　⑥ 4＋3＝

⑦ 1＋8＝　　⑧ 2＋4＝

A９　９までのたしざん（ぶんしょうもんだい）

①　おとうさんと　とんぼとりに　いきました。おとうさんは
４ひき　ぼくは　３びき　とりました。あわせてなんびきとりましたか。

しき

こたえ

②　ひよこが　にわに４わ　こやに５わいます。ひよこは
ぜんぶで　なんわいますか。

しき

こたえ

③　ばすに　おきゃくさんが　６にんのっていました。あとから
３にんのりました。みんなで　なんにんになりましたか。

しき

こたえ

A10 9までのひきざん
（7－5）がた

① 7－5＝

② 8－3＝

③ 9－5＝

④ 6－1＝

⑤ 9－4＝

⑥ 8－5＝

⑦ 7－2＝

⑧ 6－5＝

●指導者の方へ●

ここで間違えた問題については、もう一度、タイルを使ってひき算の意味を確認しなおしてみましょう。

（例） 7－2＝

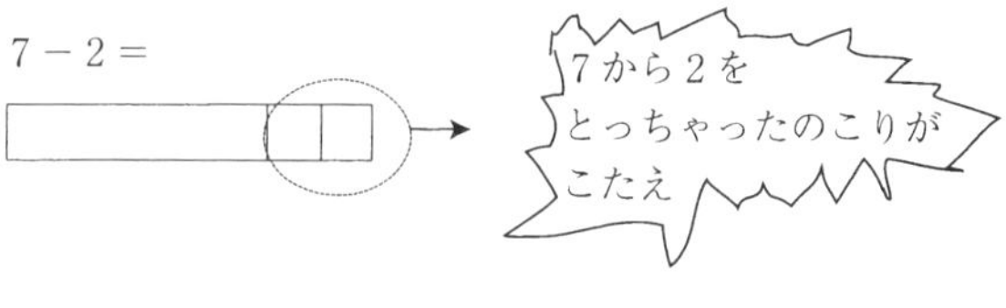

A11 9までのひきざん
(8−6) がた

1 ひきざんをしましょう。

① $7-1=$

② $8-0=$

③ $6-0=$

④ $9-1=$

⑤ $9-3=$

⑥ $7-0=$

⑦ $8-1=$

⑧ $9-2=$

⑨ $9-0=$

⑩ $8-2=$

2 ひきざんをしましょう。

① $9-7=$

② $7-6=$

③ $9-8=$

④ $7-7=$

⑤ $6-6=$

⑥ $8-7=$

⑦ $9-9=$

⑧ $9-6=$

⑨ $8-6=$

⑩ $8-8=$

A12 9までのひきざん
(7－4)がた

1 ひきざんをしましょう。

① 7－3＝

② 6－4＝

③ 7－4＝

④ 6－2＝

⑤ 8－4＝

⑥ 6－3＝

---

2 ひきざんをしましょう。

【9までのひき算（A10・A11・A12）の小《しょう》まとめ】

① 8－5＝　　② 7－1＝

③ 6－4＝　　④ 9－4＝

⑤ 8－8＝　　⑥ 7－3＝

⑦ 6－1＝　　⑧ 9－0＝

A13　９までのひきざん
（ぶんしょうもんだい）

①　りんごのきに　りんごが　９こなっていました。
さとしくんが　２ことってたべました。のこりはなんこですか。

しき

こたえ

②　つくえのうえに　ほんが　８さつあります。そのうち
４さつよみました。よんでいない　ほんは　なんさつですか。

しき

こたえ

③　たいやきを９こかいました。かぞくで５こたべました。
あとなんこ　のこっていますか。

しき

こたえ

A14　9までのけいさん　まとめ

1　9までのたしざんをしましょう。

①　3＋2＝　　②　4＋5＝

③　2＋7＝　　④　6＋1＝

⑤　1＋4＝　　⑥　3＋4＝

⑦　0＋7＝　　⑧　1＋6＝

⑨　5＋3＝　　⑩　8＋1＝

2　9までのひきざんをしましょう。

①　8－3＝　　②　9－8＝

③　7－4＝　　④　9－9＝

⑤　6－0＝　　⑥　9－1＝

⑦　9－7＝　　⑧　8－2＝

⑨　5－2＝　　⑩　3－2＝

A15　9までのけいさん まとめ

1 9までのけいさんのまとめをしましょう。

① $1+5=$　　② $2+4=$

③ $5-1=$　　④ $0+6=$

⑤ $7-1=$　　⑥ $8-8=$

⑦ $7+0=$　　⑧ $1-0=$

⑨ $6-4=$　　⑩ $0+0=$

2 9までのけいさんのまとめをしましょう。

① $0-0=$　　② $3+1=$

③ $5+2=$　　④ $9-1=$

⑤ $1+4=$　　⑥ $3+6=$

⑦ $7-2=$　　⑧ $8-1=$

⑨ $2+3=$　　⑩ $9-7=$

フレーム３

Ⅰ　フレーム３で学ぶ計算問題の型分け

	0	1	2	3	4	5	6	7	8	9
0	0+0	1+0	2+0	3+0	4+0	5+0	6+0	7+0	8+0	9+0
1	0+1	1+1	2+1	3+1	4+1	5+1	6+1	7+1	8+1	9+1
2	0+2	1+2	2+2	3+2	4+2	5+2	6+2	7+2	8+2	9+2
3	0+3	1+3	2+3	3+3	4+3	5+3	6+3	7+3	8+3	9+3
4	0+4	1+4	2+4	3+4	4+4	5+4	6+4	7+4	8+4	9+4
5	0+5	1+5	2+5	3+5	4+5	5+5	6+5	7+5	8+5	9+5
6	0+6	1+6	2+6	3+6	4+6	5+6	6+6	7+6	8+6	9+6
7	0+7	1+7	2+7	3+7	4+7	5+7	6+7	7+7	8+7	9+7
8	0+8	1+8	2+8	3+8	4+8	5+8	6+8	7+8	8+8	9+8
9	0+9	1+9	2+9	3+9	4+9	5+9	6+9	7+9	8+9	9+9

◀たし算の素過程の表

	0	1	2	3	4	5	6	7	8	9
0	0−0	1−0	2−0	3−0	4−0	5−0	6−0	7−0	8−0	9−0
1	0−1	1−1	2−1	3−1	4−1	5−1	6−1	7−1	8−1	9−1
2	0−2	1−2	2−2	3−2	4−2	5−2	6−2	7−2	8−2	9−2
3	0−3	1−3	2−3	3−3	4−3	5−3	6−3	7−3	8−3	9−3
4	0−4	1−4	2−4	3−4	4−4	5−4	6−4	7−4	8−4	9−4
5	0−5	1−5	2−5	3−5	4−5	5−5	6−5	7−5	8−5	9−5
6	0−6	1−6	2−6	3−6	4−6	5−6	6−6	7−6	8−6	9−6
7	0−7	1−7	2−7	3−7	4−7	5−7	6−7	7−7	8−7	9−7
8	0−8	1−8	2−8	3−8	4−8	5−8	6−8	7−8	8−8	9−8
9	0−9	1−9	2−9	3−9	4−9	5−9	6−9	7−9	8−9	9−9

◀ひき算の素過程の表

Ⅱ　フレーム３の特徴と活用のしかた

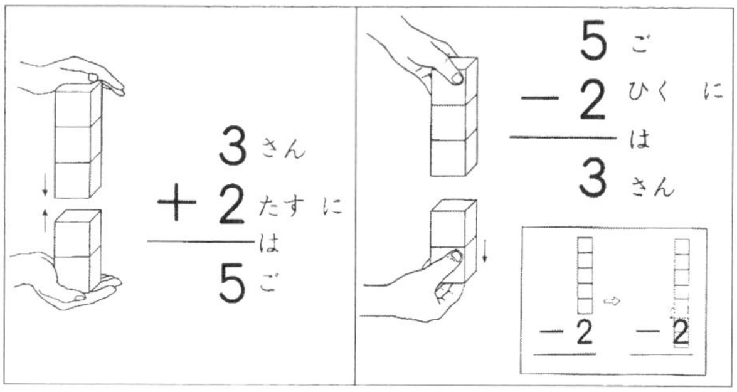

『さんすう２・３』（同成社刊）より

フレーム３では縦がきの筆算と、３つの数の計算を学びます。

筆算は２けた以上の計算をするとき、位どりを把握するのに非常に便利ですから、９までの計算のうちに親しんでおきましょう。横がきでは＋・－・＝を使いましたが、筆算では＋・－と＿＿＿に変わります。これらを厚紙などにかいて準備しておくと、計算問題をスムーズにとき進めることができます。タイルを横においも縦においてもおなじということを、見くらべながら学びましょう。

３つの数の計算では、演算の意味をしっかりと理解しておくことが大切です。たし算はある物すべてをあわせれば答えは出てきますが、ひき算では数の順序をていねいに考える必要があるからです。たとえば３＋２＋１は、１＋２＋３と順序を入れかえても結果はおなじになります。でも３－２－１は、順序を入れかえた１－２－３とはちがう結果になります。たし算とひき算のちがいについては、タイルを使ってじっくりていねいに教えたいものです。

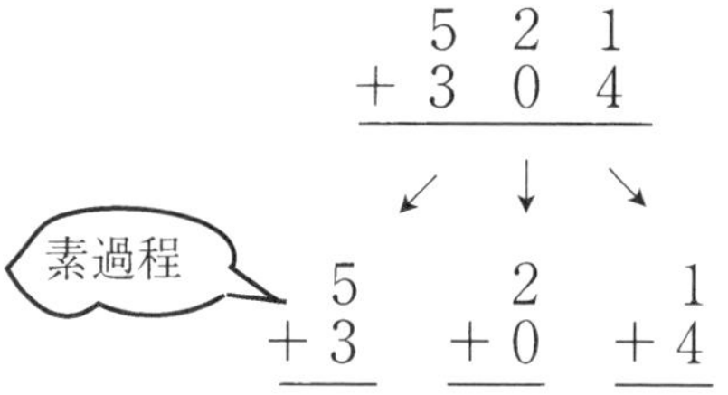

Ⅲ　評価基準

フレーム３では筆算の式を上手に読むことができるように、声を出しながら一緒に勉強しましょう。読めるようになったら今度は横がきの式をみて筆算に変換できるように、またその逆もできるようにサポートしてください。

筆算は位どりをそろえて計算するのにとても合理的にできていて、この後もずっと使っていく大切な計算方法です。これから２けたや３けたの数字を扱うようになると、それに従ってタイルも十タイル、百タイルとどんどん大きくなっていきます。でもこれらの計算はおなじなかまどうし（おなじ位どうし）のたし算やひき算のくり返しだと考えることができます。それが素過程です。このフレームで素過程のたし算とひき算を、筆算で十分に練習しましょう。A24・25で９までの計算を筆算で行うのに不安があるときは、A14・15で９までの計算と、A16～19で筆算を、もう一度確認しましょう。

A16 たしざんのひっさん

（れい）

```
   5
＋ 3
────
   8
```

（よみかた）

5
たす 3
は
8

①

```
   1
＋ 7
────
```

②

```
   3
＋ 4
────
```

③

```
   2
＋ 6
────
```

④

```
   1
＋ 2
────
```

⑤

```
   0
＋ 8
────
```

⑥

```
   9
＋ 0
────
```

⑦

```
   6
＋ 3
────
```

⑧

```
   4
＋ 2
────
```

⑨

```
   6
＋ 1
────
```

⑩

```
   5
＋ 4
────
```

⑪

```
   2
＋ 4
────
```

⑫

```
   8
＋ 1
────
```

⑬

```
   2
＋ 7
────
```

⑭

```
   4
＋ 1
────
```

A17 たしざんのひっさん

① $\begin{array}{r} 2 \\ +\ 1 \\ \hline \end{array}$

② $\begin{array}{r} 5 \\ +\ 2 \\ \hline \end{array}$

③ $\begin{array}{r} 3 \\ +\ 0 \\ \hline \end{array}$

④ $\begin{array}{r} 1 \\ +\ 6 \\ \hline \end{array}$

⑤ $\begin{array}{r} 3 \\ +\ 3 \\ \hline \end{array}$

⑥ $\begin{array}{r} 0 \\ +\ 4 \\ \hline \end{array}$

⑦ $\begin{array}{r} 7 \\ +\ 1 \\ \hline \end{array}$

⑧ $\begin{array}{r} 1 \\ +\ 8 \\ \hline \end{array}$

⑨ $\begin{array}{r} 3 \\ +\ 2 \\ \hline \end{array}$

⑩ $\begin{array}{r} 4 \\ +\ 5 \\ \hline \end{array}$

⑪ $\begin{array}{r} 4 \\ +\ 4 \\ \hline \end{array}$

⑫ $\begin{array}{r} 4 \\ +\ 3 \\ \hline \end{array}$

⑬ $\begin{array}{r} 0 \\ +\ 7 \\ \hline \end{array}$

⑭ $\begin{array}{r} 2 \\ +\ 0 \\ \hline \end{array}$

⑮ $\begin{array}{r} 3 \\ +\ 1 \\ \hline \end{array}$

⑯ $\begin{array}{r} 3 \\ +\ 6 \\ \hline \end{array}$

A18 ひきざんのひっさん

（れい）

$$\begin{array}{r} 9 \\ -\ 2 \\ \hline 7 \end{array}$$

（よみかた）

9 ひく 2 は 7

①

$$\begin{array}{r} 6 \\ -\ 4 \\ \hline \end{array}$$

②

$$\begin{array}{r} 2 \\ -\ 1 \\ \hline \end{array}$$

③

$$\begin{array}{r} 5 \\ -\ 2 \\ \hline \end{array}$$

④

$$\begin{array}{r} 7 \\ -\ 7 \\ \hline \end{array}$$

⑤

$$\begin{array}{r} 4 \\ -\ 3 \\ \hline \end{array}$$

⑥

$$\begin{array}{r} 8 \\ -\ 1 \\ \hline \end{array}$$

⑦

$$\begin{array}{r} 8 \\ -\ 3 \\ \hline \end{array}$$

⑧

$$\begin{array}{r} 7 \\ -\ 4 \\ \hline \end{array}$$

⑨

$$\begin{array}{r} 9 \\ -\ 5 \\ \hline \end{array}$$

⑩

$$\begin{array}{r} 7 \\ -\ 6 \\ \hline \end{array}$$

⑪

$$\begin{array}{r} 5 \\ -\ 5 \\ \hline \end{array}$$

⑫

$$\begin{array}{r} 9 \\ -\ 7 \\ \hline \end{array}$$

⑬

$$\begin{array}{r} 8 \\ -\ 6 \\ \hline \end{array}$$

⑭

$$\begin{array}{r} 6 \\ -\ 3 \\ \hline \end{array}$$

A19 ひきざんのひっさん

① $\begin{array}{r} 7 \\ -\ 5 \\ \hline \end{array}$

② $\begin{array}{r} 5 \\ -\ 3 \\ \hline \end{array}$

③ $\begin{array}{r} 8 \\ -\ 4 \\ \hline \end{array}$

④ $\begin{array}{r} 9 \\ -\ 6 \\ \hline \end{array}$

⑤ $\begin{array}{r} 7 \\ -\ 2 \\ \hline \end{array}$

⑥ $\begin{array}{r} 9 \\ -\ 1 \\ \hline \end{array}$

⑦ $\begin{array}{r} 4 \\ -\ 2 \\ \hline \end{array}$

⑧ $\begin{array}{r} 6 \\ -\ 1 \\ \hline \end{array}$

⑨ $\begin{array}{r} 0 \\ -\ 0 \\ \hline \end{array}$

⑩ $\begin{array}{r} 7 \\ -\ 0 \\ \hline \end{array}$

⑪ $\begin{array}{r} 9 \\ -\ 9 \\ \hline \end{array}$

⑫ $\begin{array}{r} 5 \\ -\ 1 \\ \hline \end{array}$

⑬ $\begin{array}{r} 6 \\ -\ 2 \\ \hline \end{array}$

⑭ $\begin{array}{r} 3 \\ -\ 1 \\ \hline \end{array}$

⑮ $\begin{array}{r} 8 \\ -\ 2 \\ \hline \end{array}$

⑯ $\begin{array}{r} 9 \\ -\ 2 \\ \hline \end{array}$

A20 たしざんの ぶんしょうもんだい

① ばらの はながさきました。あかいはなが 4こ しろい はなが5こ さきました。ばらの はなは いくつさきましたか。

ひっさん

しき

こたえ

② ちゅうしゃじょうに ばすが6だい とらっくが3だい とまっています。じどうしゃは ぜんぶで なんだい ありますか。

ひっさん

しき

こたえ

③ にわに しろいうさぎが4わ くろいうさぎが 3わいます。うさぎは ぜんぶで なんわいますか。

ひっさん

しき

こたえ

A21　ひきざんの　ぶんしょうもんだい

①　こどもが　８にん　あそんでいます。そのうち　おとこのこは５にんです。おんなのこは　なんにんいますか。

ひっさん

しき

こたえ

②　かわに　こいが　９ひきいます。そのうち７ひきは　くろいこいで　のこりは　あかです。あかいこいは　なんびきいますか。

ひっさん

しき

こたえ

③　すずめが　やねに　６わ　とまっています。そのうち　４わとんでいきました。あと　なんわ　のこっていますか。

ひっさん

しき

こたえ

A22 ３つのかずのたしざん

1 ３つのかずのたしざんをしましょう。

① $2+3+4=$　② $4+1+3=$

③ $1+5+2=$　④ $3+1+3=$

⑤ $2+6+1=$　⑥ $4+2+0=$

⑦ $3+3+2=$　⑧ $5+2+1=$

⑨ $2+6+1=$　⑩ $7+0+2=$

2 ３つのかずのたしざんをしましょう。

① $3+5+1=$　② $6+2+1=$

③ $1+2+4=$　④ $3+3+3=$

⑤ $6+0+1=$　⑥ $1+7+1=$

⑦ $1+5+3=$　⑧ $7+1+1=$

⑨ $0+0+1=$　⑩ $1+2+2=$

A23 3つのかずのひきざん

1 3つのかずのひきざんをしましょう。

① 6 − 3 − 2 ＝　　② 9 − 5 − 1 ＝

③ 8 − 1 − 6 ＝　　④ 4 − 2 − 2 ＝

⑤ 7 − 2 − 3 ＝　　⑥ 5 − 2 − 1 ＝

⑦ 6 − 3 − 3 ＝　　⑧ 9 − 7 − 0 ＝

⑨ 8 − 5 − 2 ＝　　⑩ 7 − 1 − 4 ＝

2 3つのかずのひきざんをしましょう。

① 4 − 1 − 2 ＝　　② 7 − 4 − 0 ＝

③ 5 − 0 − 1 ＝　　④ 8 − 4 − 4 ＝

⑤ 3 − 1 − 1 ＝　　⑥ 9 − 5 − 3 ＝

⑦ 6 − 3 − 1 ＝　　⑧ 5 − 2 − 3 ＝

⑨ 8 − 3 − 4 ＝　　⑩ 2 − 1 − 0 ＝

A24 9までのけいさん まとめ

① $5+4=$　　② $2+7=$

③ $3+4=$　　④ $6+3=$

⑤ $2+4=$　　⑥ $1+7=$

⑦ $8+0=$　　⑧ $4+4=$

⑨ $3+4+2=$　　⑩ $4+1+3=$

⑪ $\begin{array}{r} 3 \\ +\,5 \\ \hline \end{array}$　　⑫ $\begin{array}{r} 4 \\ +\,3 \\ \hline \end{array}$　　⑬ $\begin{array}{r} 2 \\ +\,7 \\ \hline \end{array}$　　⑭ $\begin{array}{r} 1 \\ +\,6 \\ \hline \end{array}$

⑮ $8-5+4=$　　⑯ $3+6-2=$

⑰ にわに　すずめが　３わいます。そこへ２わ　とんで
きました。ぜんぶで　なんわに　なりますか。

しき ＿＿＿＿＿＿＿＿

こたえ ＿＿＿＿＿＿＿＿

ひっさん

A25　9までのけいさん　まとめ

① 7－2＝　　② 6－5＝

③ 3－1＝　　④ 9－6＝

⑤ 7－3＝　　⑥ 8－4＝

⑦ 4－3＝　　⑧ 5－2＝

⑨ 9－3－4＝　　⑩ 7－4－0＝

⑪ $\begin{array}{r} 8 \\ -\ 3 \\ \hline \end{array}$　　⑫ $\begin{array}{r} 6 \\ -\ 3 \\ \hline \end{array}$　　⑬ $\begin{array}{r} 8 \\ -\ 6 \\ \hline \end{array}$　　⑭ $\begin{array}{r} 6 \\ -\ 4 \\ \hline \end{array}$

⑮ 4＋5－8＝　　⑯ 6－5＋7＝

⑰ りんごが　7こあります。3こたべました。あと　いくつのこっていますか。

しき ______________________

こたえ ______________________

ひっさん

フレーム４

Ⅰ　フレーム４で学ぶ計算問題の型分け

◀たし算の素過程の表

	0	1	2	3	4	5	6	7	8	9
0	0+0	1+0	2+0	3+0	4+0	5+0	6+0	7+0	8+0	9+0
1	0+1	1+1	2+1	3+1	4+1	5+1	6+1	7+1	8+1	9+1
2	0+2	1+2	2+2	3+2	4+2	5+2	6+2	7+2	8+2	9+2
3	0+3	1+3	2+3	3+3	4+3	5+3	6+3	7+3	8+3	9+3
4	0+4	1+4	2+4	3+4	4+4	5+4	6+4	7+4	8+4	9+4
5	0+5	1+5	2+5	3+5	4+5	5+5	6+5	7+5	8+5	9+5
6	0+6	1+6	2+6	3+6	4+6	5+6	6+6	7+6	8+6	9+6
7	0+7	1+7	2+7	3+7	4+7	5+7	6+7	7+7	8+7	9+7
8	0+8	1+8	2+8	3+8	4+8	5+8	6+8	7+8	8+8	9+8
9	0+9	1+9	2+9	3+9	4+9	5+9	6+9	7+9	8+9	9+9

◀ひき算の素過程の表

	0	1	2	3	4	5	6	7	8	9
0	0−0	1−0	2−0	3−0	4−0	5−0	6−0	7−0	8−0	9−0
1	0−1	1−1	2−1	3−1	4−1	5−1	6−1	7−1	8−1	9−1
2	0−2	1−2	2−2	3−2	4−2	5−2	6−2	7−2	8−2	9−2
3	0−3	1−3	2−3	3−3	4−3	5−3	6−3	7−3	8−3	9−3
4	0−4	1−4	2−4	3−4	4−4	5−4	6−4	7−4	8−4	9−4
5	0−5	1−5	2−5	3−5	4−5	5−5	6−5	7−5	8−5	9−5
6	0−6	1−6	2−6	3−6	4−6	5−6	6−6	7−6	8−6	9−6
7	0−7	1−7	2−7	3−7	4−7	5−7	6−7	7−7	8−7	9−7
8	0−8	1−8	2−8	3−8	4−8	5−8	6−8	7−8	8−8	9−8
9	0−9	1−9	2−9	3−9	4−9	5−9	6−9	7−9	8−9	9−9

Ⅱ　フレーム４の特徴と活用のしかた

このフレームでは位どりに気をつけながら２けたの数を学びます。

図のように具体物をたくさん用意し、いくつあるか子どもと一緒に数えてみましょう。たくさんあるときは10の箱づめを作ってひとかたまりにすると便利です。この図では箱づめが２ことバラが１こありますから、21とかいて「にいち」ではなく「にじゅういち」と読むことを教えます。タイルでも十タイルとバラのタイルをそれぞれの位どりのへやに入れて、同様に教えましょう。

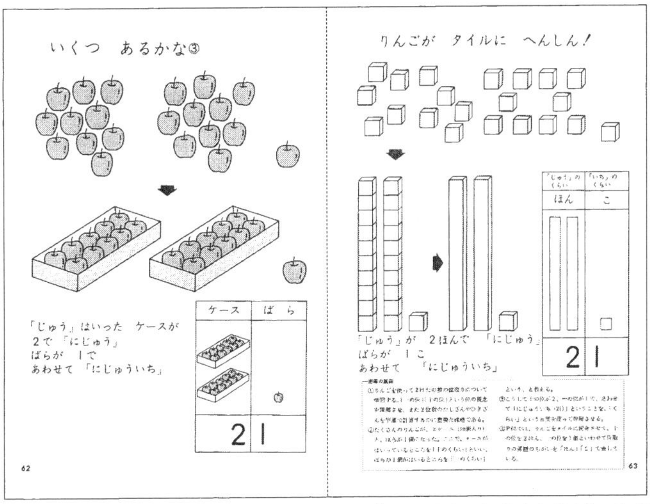

『さんすう3』（同成社刊）より

日本語では４、７、９の読み方が一通りではないため、それが子どもにとって混乱する原因のひとつになります。45はかけ算九九などを除き普段の生活のなかでは「しじゅうご」だけではなく「よんじゅうご」と読みます。また75や95も「しちじゅうご」や「くじゅうご」ではなく、いいやすい「ななじゅうご」や「きゅうじゅうご」と読みますから気をつけましょう。

ところで10、11、12、13を英語では“テン”“イレブン”“トゥエルブ”“サーティーン”と読みますが、日本語は「じゅう」「じゅういち」「じゅうに」「じゅうさん」と規則的です。それでも10を、「いちじゅうれい」とは読まず、「いち」と「れい」を省略して「じゅう」と読むことは、子どもにとっては大人が考える以上に複雑です。子どもの理解をじっくりと待つことが大切です。

Ⅲ　評価基準

フレーム４でははじめて学ぶ２けたの数の理解に重点をおいてください。カレンダーを使って今日はなん月なん日かな、明日は……と生活のなかで学習をすすめていくことも効果的です。

A30〜35までの10の計算や数の分解は、くり上がりやくり下がりの計算をするときに必要な基礎になります。タイルを使ってわかるまで、ていねいに確認したいものです。

A26 2けたのかず（よみかた）

すうじをことばになおしましょう。

① 28（　　　　　）　② 39（　　　　　）

③ 44（　　　　　）　④ 76（　　　　　）

⑤ 60（　　　　　）　⑥ 81（　　　　　）

⑦ 37（　　　　　）　⑧ 11（　　　　　）

⑨ 74（　　　　　）　⑩ 77（　　　　　）

⑪ 87（　　　　　）　⑫ 94（　　　　　）

⑬ 60（　　　　　）　⑭ 67（　　　　　）

⑮ 88（　　　　　）　⑯ 14（　　　　　）

⑰ 43（　　　　　）　⑱ 10（　　　　　）

⑲ 47（　　　　　）　⑳ 40（　　　　　）

A27 ２けたのかず（かきかた）

ことばを　すうじに　なおしましょう。

① さんじゅうに　（　　）
② ろくじゅうよん　（　　）
③ よんじゅうに　（　　）
④ はちじゅうはち　（　　）
⑤ ななじゅういち　（　　）
⑥ にじゅうに　（　　）
⑦ きゅうじゅうきゅう　（　　）
⑧ ななじゅうなな　（　　）
⑨ じゅうよん　（　　）
⑩ はちじゅう　（　　）
⑪ ごじゅうさん　（　　）
⑫ にじゅうなな　（　　）
⑬ じゅうろく　（　　）
⑭ はちじゅうよん　（　　）
⑮ じゅういち　（　　）
⑯ よんじゅうなな　（　　）
⑰ ななじゅうよん　（　　）
⑱ さんじゅうなな　（　　）
⑲ きゅうじゅうに　（　　）
⑳ ろくじゅういち　（　　）

A28 かずのじゅんばん

① 6から29まで　かぞえてかきましょう。

6										
	29									

② 63から82まで　かぞえてかきましょう。

63										
								82		

③ 34から61まで　かぞえてかきましょう。

34										
					61					

④ 72から99まで　かぞえてかきましょう。

72										
					99					

A29　かずのおおきい・ちいさい

どちらが　おおきいですか。◯をつけましょう。

①（42　38）

②（13　30）

③（26　46）

④（3　10）

⑤（23　32）

⑥（88　77）

⑦（59　60）

⑧（28　27）

⑨（96　94）

⑩（7　6）

⑪（よんじゅうご　ななじゅう）

⑫（さんじゅうに　ごじゅうご）

⑬（にじゅういち　にじゅうなな）

⑭（はちじゅう　きゅう）

⑮（じゅう　にじゅう）

⑯（ろくじゅう　ななじゅう）

⑰（ごじゅうよん　よんじゅうご）

⑱（きゅうじゅうよん　きゅうじゅうなな）

⑲（よん　に）

⑳（じゅうきゅう　にじゅう）

A30 10のたしざん

① 5 + 5 =

② 9 + 1 =

③ 7 + 3 =

④ 8 + 2 =

⑤ 6 + 4 =

⑥ 2 + 7 =

⑦ 3 + 7 =

⑧ 2 + 8 =

⑨ 4 + 5 =

⑩ 1 + 9 =

⑪ 3 + 5 =

⑫ 7 + 2 =

⑬ 9 + 0 =

⑭ 4 + 4 =

⑮ 5 + 2 =

⑯ 8 + 1 =

⑰ $\begin{array}{r} 3 \\ +\ 7 \\ \hline \end{array}$

⑱ $\begin{array}{r} 5 \\ +\ 1 \\ \hline \end{array}$

⑲ $\begin{array}{r} 4 \\ +\ 6 \\ \hline \end{array}$

⑳ $\begin{array}{r} 0 \\ +\ 8 \\ \hline \end{array}$

A31 10のたしざん

1 10のたしざんをしましょう。

① $6+3=$　　② $8+2=$

③ $3+7=$　　④ $4+6=$

⑤ $7+2=$　　⑥ $5+4=$

⑦ $9+0=$　　⑧ $1+8=$

⑨ $5+5=$　　⑩ $9+1=$

2 10のたしざんをしましょう。

① $2+7+1=$　　② $5+3+2=$

③ $6+2+2=$　　④ $4+5+1=$

⑤ $3+4+3=$　　⑥ $7+3+0=$

⑦ $3+5+2=$　　⑧ $1+8+1=$

⑨ $7+2+1=$　　⑩ $4+4+2=$

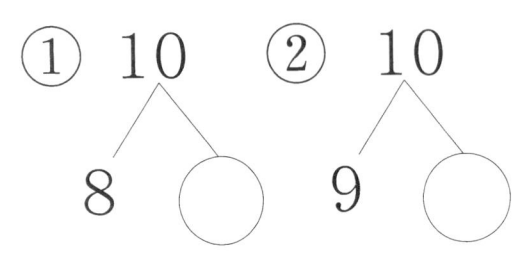

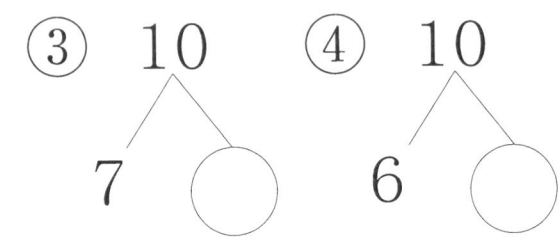

A32 10のひきざん

1 10のひきざんをしましょう。

① 10－ 5 ＝　　② 10－ 4 ＝

③ 10－ 2 ＝　　④ 10－ 6 ＝

⑤ 10－ 1 ＝　　⑥ 10－ 7 ＝

⑦ 10－ 9 ＝　　⑧ 10－ 3 ＝

⑨ 10－ 8 ＝　　⑩ 10－10＝

2 10をわけます。○にすうじをかきましょう。

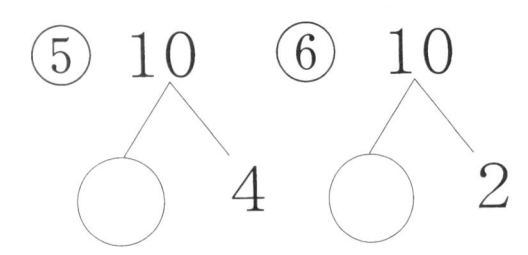

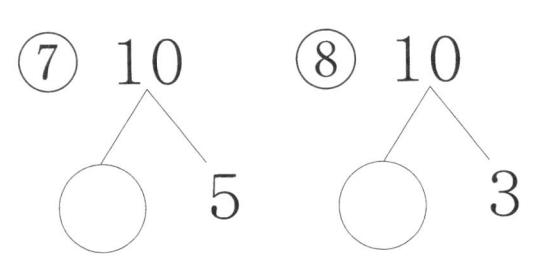

① 10 → 8 と ○

② 10 → 9 と ○

③ 10 → 7 と ○

④ 10 → 6 と ○

⑤ 10 → ○ と 4

⑥ 10 → ○ と 2

⑦ 10 → ○ と 5

⑧ 10 → ○ と 3

A33 10のひきざん

① 10－3－4＝　　② 10－7－2＝

③ 10－2－8＝　　④ 10－9－1＝

⑤ 10－4－5＝　　⑥ 10－5－5＝

⑦ 10－3－3＝　　⑧ 10－8－1＝

⑨ 10－1－7＝　　⑩ 10－6－4＝

①
$$\begin{array}{r} 10 \\ -\ 7 \\ \hline \end{array}$$

②
$$\begin{array}{r} 10 \\ -\ 4 \\ \hline \end{array}$$

③
$$\begin{array}{r} 10 \\ -\ 6 \\ \hline \end{array}$$

④
$$\begin{array}{r} 10 \\ -\ 1 \\ \hline \end{array}$$

⑤
$$\begin{array}{r} 10 \\ -\ 9 \\ \hline \end{array}$$

⑥
$$\begin{array}{r} 10 \\ -\ 3 \\ \hline \end{array}$$

⑦
$$\begin{array}{r} 10 \\ -\ 8 \\ \hline \end{array}$$

⑧
$$\begin{array}{r} 10 \\ -\ 5 \\ \hline \end{array}$$

A34 かずをわける

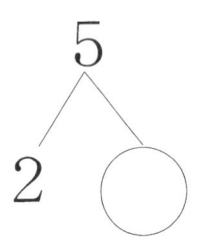

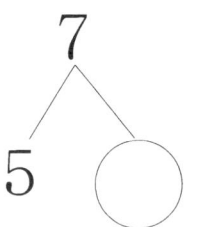

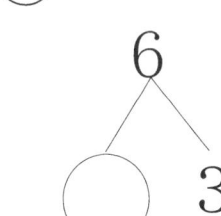

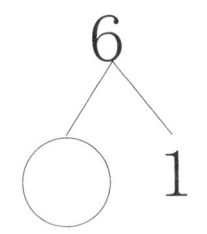

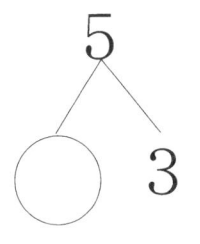

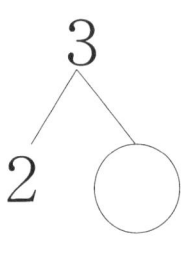

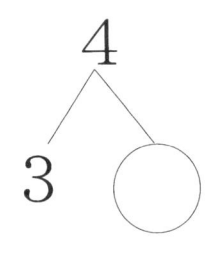

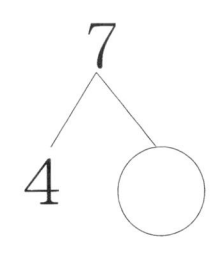

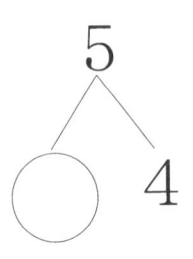

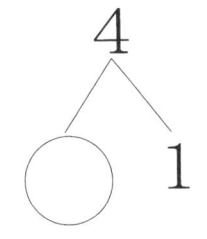

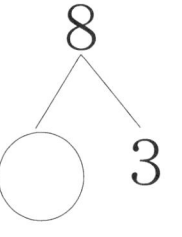

①	5	2	○
②	6	4	○
③	4	2	○
④	7	5	○
⑤	6	○	3
⑥	7	○	2
⑦	6	○	1
⑧	5	○	3
⑨	3	2	○
⑩	5	1	○
⑪	4	3	○
⑫	7	4	○
⑬	5	○	4
⑭	2	○	1
⑮	4	○	1
⑯	8	○	3

A35 かずをわける

① 9
3 ○

② 8
5 ○

③ 9
7 ○

④ 6
5 ○

⑤ 8
○ 6

⑥ 9
○ 1

⑦ 8
○ 1

⑧ 7
○ 3

⑨ 9
2 ○

⑩ 7
1 ○

⑪ 8
2 ○

⑫ 9
4 ○

⑬ 8
○ 4

⑭ 6
○ 2

⑮ 7
○ 6

⑯ 6
○ 3

フレーム５

Ⅰ　フレーム５で学ぶ計算問題の型分け

	0	1	2	3	4	5	6	7	8	9
0	0+0	1+0	2+0	3+0	4+0	5+0	6+0	7+0	8+0	9+0
1	0+1	1+1	2+1	3+1	4+1	5+1	6+1	7+1	8+1	9+1
2	0+2	1+2	2+2	3+2	4+2	5+2	6+2	7+2	8+2	9+2
3	0+3	1+3	2+3	3+3	4+3	5+3	6+3	7+3	8+3	9+3
4	0+4	1+4	2+4	3+4	4+4	5+4	6+4	7+4	8+4	9+4
5	0+5	1+5	2+5	3+5	4+5	5+5	6+5	7+5	8+5	9+5
6	0+6	1+6	2+6	3+6	4+6	5+6	6+6	7+6	8+6	9+6
7	0+7	1+7	2+7	3+7	4+7	5+7	6+7	7+7	8+7	9+7
8	0+8	1+8	2+8	3+8	4+8	5+8	6+8	7+8	8+8	9+8
9	0+9	1+9	2+9	3+9	4+9	5+9	6+9	7+9	8+9	9+9

◀たし算の素過程の表

Ⅱ　フレーム５の特徴と活用のしかた

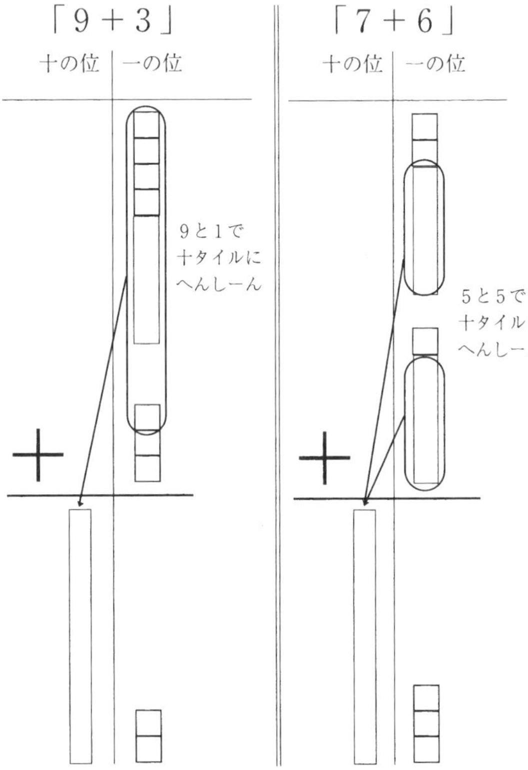

１けたと１けたの数をたして答えが10以上になるくり上がりのたし算には、大きく分けると２通りのときかたがあります。10の補数を組みあわせる方法と、５・２進法です。

10の補数による方法では、あといくつ補ったら10になるかを考えます。たとえば「９＋３」は→９＋１と２→10と２→12となります。

これに対して５・２進法では、５を２こ用意して10を作ります。たとえば「７＋６」は→５と２＋５と１→５＋５と２＋１→10と３→13です。

（５以上＋５以上）なら５・２進法で、（６以上＋４以下）なら10の補数で、と計算問題の型によって使いわけるといいでしょう。

Ⅲ　評価基準

フレーム５ではくり上がりのたし算を４つのパターンに分けています。問題をみてそれぞれにあったときかたを自分で考えることができるようになるまで、なん度もくり返しA36・37を学習しましょう。そして自信がついたら、A38・39でいろいろなパターンがまざった問題に取りくんでください。

A40・41では、暗算を練習します。暗算ができるようになると、日々の生活がより一層豊かなものになります。ゆっくりとでも、計算できるようになるといいですね。

くり上がりは、たし算のいちばんの山場です。ここをじっくりとていねいに教えてあげることが、結果的にはこの先の２けたや３けたのたし算をスムーズに理解するための近道になります。ぜひ大きな声で子どもと一緒に「10になったら十タイルにへんしーん」といいながらくり上がりを印象づけましょう。

急がばまわれです。ゆったりとした気もちで、子どもの学びをサポートしたいものです。

A36 くりあがりのたしざん

$$\begin{array}{r} 7 \\ +6 \\ \hline \end{array} \qquad \begin{array}{r} 7 \\ +5 \\ \hline \end{array}$$

① $\begin{array}{r} 7 \\ +\ 7 \\ \hline \end{array}$

② $\begin{array}{r} 6 \\ +\ 8 \\ \hline \end{array}$

③ $\begin{array}{r} 6 \\ +\ 6 \\ \hline \end{array}$

④ $\begin{array}{r} 6 \\ +\ 7 \\ \hline \end{array}$

⑤ $\begin{array}{r} 8 \\ +\ 6 \\ \hline \end{array}$

⑥ $\begin{array}{r} 7 \\ +\ 6 \\ \hline \end{array}$

⑦ $\begin{array}{r} 7 \\ +\ 8 \\ \hline \end{array}$

⑧ $\begin{array}{r} 8 \\ +\ 7 \\ \hline \end{array}$

⑨ $\begin{array}{r} 7 \\ +\ 5 \\ \hline \end{array}$

⑩ $\begin{array}{r} 6 \\ +\ 5 \\ \hline \end{array}$

⑪ $\begin{array}{r} 9 \\ +\ 5 \\ \hline \end{array}$

⑫ $\begin{array}{r} 8 \\ +\ 5 \\ \hline \end{array}$

⑬ $\begin{array}{r} 5 \\ +\ 8 \\ \hline \end{array}$

⑭ $\begin{array}{r} 5 \\ +\ 7 \\ \hline \end{array}$

⑮ $\begin{array}{r} 5 \\ +\ 6 \\ \hline \end{array}$

⑯ $\begin{array}{r} 5 \\ +\ 9 \\ \hline \end{array}$

A37 くりあがりのたしざん

$\begin{array}{r} 8 \\ +9 \\ \hline \end{array}$ $\begin{array}{r} 9 \\ +3 \\ \hline \end{array}$

①	②	③	④
$\begin{array}{r} 7 \\ +8 \\ \hline \end{array}$	$\begin{array}{r} 9 \\ +6 \\ \hline \end{array}$	$\begin{array}{r} 8 \\ +9 \\ \hline \end{array}$	$\begin{array}{r} 6 \\ +9 \\ \hline \end{array}$
⑤	⑥	⑦	⑧
$\begin{array}{r} 9 \\ +7 \\ \hline \end{array}$	$\begin{array}{r} 8 \\ +8 \\ \hline \end{array}$	$\begin{array}{r} 8 \\ +7 \\ \hline \end{array}$	$\begin{array}{r} 7 \\ +9 \\ \hline \end{array}$
⑨	⑩	⑪	⑫
$\begin{array}{r} 9 \\ +3 \\ \hline \end{array}$	$\begin{array}{r} 9 \\ +4 \\ \hline \end{array}$	$\begin{array}{r} 8 \\ +3 \\ \hline \end{array}$	$\begin{array}{r} 7 \\ +4 \\ \hline \end{array}$
⑬	⑭	⑮	⑯
$\begin{array}{r} 3 \\ +8 \\ \hline \end{array}$	$\begin{array}{r} 2 \\ +9 \\ \hline \end{array}$	$\begin{array}{r} 9 \\ +2 \\ \hline \end{array}$	$\begin{array}{r} 4 \\ +8 \\ \hline \end{array}$

A38 くりあがりのたしざん まとめ (ひっさん)

① $7 + 8 =$

② $9 + 9 =$

③ $8 + 3 =$

④ $7 + 3 =$

⑤ $9 + 6 =$

⑥ $8 + 8 =$

⑦ $7 + 5 =$

⑧ $9 + 4 =$

⑨ $2 + 8 =$

⑩ $4 + 7 =$

⑪ $9 + 9 =$

⑫ $5 + 5 =$

⑬ $2 + 9 =$

⑭ $9 + 1 =$

⑮ $5 + 8 =$

⑯ $8 + 6 =$

A39 くりあがりのたしざん まとめ (ひっさん)

①
$$\begin{array}{r} 5 \\ +\ 7 \\ \hline \end{array}$$

②
$$\begin{array}{r} 7 \\ +\ 7 \\ \hline \end{array}$$

③
$$\begin{array}{r} 3 \\ +\ 8 \\ \hline \end{array}$$

④
$$\begin{array}{r} 9 \\ +\ 9 \\ \hline \end{array}$$

⑤
$$\begin{array}{r} 2 \\ +\ 9 \\ \hline \end{array}$$

⑥
$$\begin{array}{r} 6 \\ +\ 7 \\ \hline \end{array}$$

⑦
$$\begin{array}{r} 5 \\ +\ 9 \\ \hline \end{array}$$

⑧
$$\begin{array}{r} 8 \\ +\ 8 \\ \hline \end{array}$$

⑨
$$\begin{array}{r} 8 \\ +\ 9 \\ \hline \end{array}$$

⑩
$$\begin{array}{r} 8 \\ +\ 5 \\ \hline \end{array}$$

⑪
$$\begin{array}{r} 9 \\ +\ 3 \\ \hline \end{array}$$

⑫
$$\begin{array}{r} 6 \\ +\ 8 \\ \hline \end{array}$$

⑬
$$\begin{array}{r} 7 \\ +\ 4 \\ \hline \end{array}$$

⑭
$$\begin{array}{r} 9 \\ +\ 7 \\ \hline \end{array}$$

⑮
$$\begin{array}{r} 7 \\ +\ 8 \\ \hline \end{array}$$

⑯
$$\begin{array}{r} 6 \\ +\ 5 \\ \hline \end{array}$$

A40 くりあがりのたしざん まとめ（あんざん）

① 8 + 4 =

② 9 + 7 =

③ 5 + 6 =

④ 6 + 7 =

⑤ 8 + 5 =

⑥ 5 + 7 =

⑦ 7 + 4 =

⑧ 9 + 8 =

⑨ 4 + 6 =

⑩ 5 + 9 =

⑪ 7 + 7 =

⑫ 6 + 6 =

⑬ 9 + 5 =

⑭ 6 + 8 =

⑮ 7 + 6 =

⑯ 3 + 9 =

⑰ 7 + 8 =

⑱ 9 + 9 =

⑲ 8 + 3 =

⑳ 6 + 4 =

A41 くりあがりのたしざん まとめ（あんざん）

① 6 + 5 + 4 =　　② 3 + 9 + 5 =

③ 7 + 4 + 2 =　　④ 8 + 9 + 1 =

⑤ 3 + 9 + 7 =　　⑥ 6 + 7 + 4 =

⑦ 2 + 7 + 8 =　　⑧ 9 + 6 + 3 =

⑨ 5 + 6 + 8 =　　⑩ 1 + 9 + 9 =

⑪ 2 + 9 + 5 =　　⑫ 4 + 6 + 7 =

⑬ 7 + 5 + 7 =　　⑭ 3 + 8 + 7 =

⑮ 6 + 9 + 3 =　　⑯ 7 + 9 + 3 =

⑰ 2 + 8 + 7 =　　⑱ 5 + 8 + 4 =

⑲ 3 + 7 + 1 =　　⑳ 6 + 6 + 6 =

A42 くりあがりのたしざん (ぶんしょうもんだい)

① どんぐりひろいにいきました。おにいさんは７こ　ぼくは９こひろいました。あわせて　なんこ　ひろいましたか。

ひっさん

しき

こたえ

② おとこのこが　５にん　おんなのこが　８にんいます。こどもは　みんなで　なんにんいますか。

ひっさん

しき

こたえ

③ いけに　くろいこいが　８ひき　あかいこいが　７ひきいます。こいは　あわせて　なんびき　いますか。

ひっさん

しき

こたえ

フレーム6

Ⅰ　フレーム6で学ぶ計算問題の型分け

右の表に示す。

	0	1	2	3	4	5	6	7	8	9
0	0−0	1−0	2−0	3−0	4−0	5−0	6−0	7−0	8−0	9−0
1	0−1	1−1	2−1	3−1	4−1	5−1	6−1	7−1	8−1	9−1
2	0−2	1−2	2−2	3−2	4−2	5−2	6−2	7−2	8−2	9−2
3	0−3	1−3	2−3	3−3	4−3	5−3	6−3	7−3	8−3	9−3
4	0−4	1−4	2−4	3−4	4−4	5−4	6−4	7−4	8−4	9−4
5	0−5	1−5	2−5	3−5	4−5	5−5	6−5	7−5	8−5	9−5
6	0−6	1−6	2−6	3−6	4−6	5−6	6−6	7−6	8−6	9−6
7	0−7	1−7	2−7	3−7	4−7	5−7	6−7	7−7	8−7	9−7
8	0−8	1−8	2−8	3−8	4−8	5−8	6−8	7−8	8−8	9−8
9	0−9	1−9	2−9	3−9	4−9	5−9	6−9	7−9	8−9	9−9

◀ひき算の素過程の表

Ⅱ　フレーム6の特徴と活用のしかた

くり下がりのひき算には減加法と減減法があります。12−9を例に減加法の教え方を考えましょう。まず一の位どうしでひき算をしますが、2から9はひけません。そこで十タイルをバラします（くり下がり）。10からなら9をひくこと（減）ができます。残った1と最初からあった2を加えて答えは3となります。文字どおり減らして加えるから減加法です。

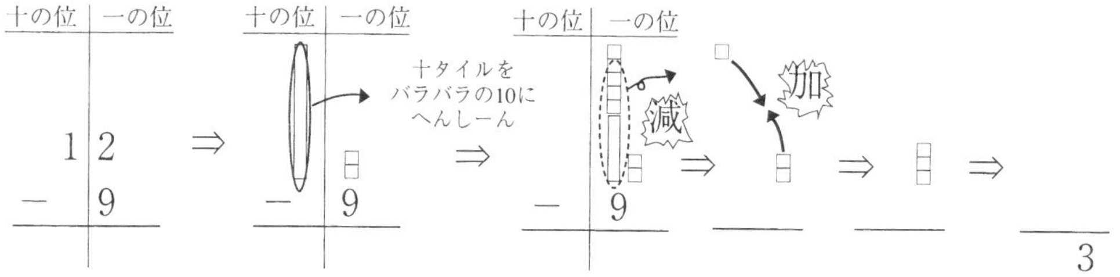

一方、減減法ではまず一の位のひく数9からひかれる数2をひいて（減）7、その7を、くり下がった10からひいて（減）、答えは3になります。2回ひくから減減法です。

減減法の場合、先ほどの−9だけでも、くり下がりのひき算には11−9から18−9までありますから、9を（8・1）、（7・2）、（6・3）、（5・4）と分解できなければなりません。もちろんくり下がりのひき算には−8や、−7、−6、−5……とあります。8、7、6、5……の数の分解も十分に理解している必要があります。

減加法ならどんなくり下がりの計算でも、5通りの10の補数、（9・1）、（8・2）、（7・3）、（6・4）、（5・5）だけで対応できます。10の補数はくり上がりのたし算でも使いますから、ぜひ減加法でくり下がりのひき算を教えましょう。

この計算ドリルでは、もらってきてバラした10からひく、というくり下がりの方法をとります。ただ10の補数をなかなか覚えられなかったり、6から9までの数の5のかたまりをしっかりとらえている子どもの場合、5・2進法のほうが向いていることがあります。その教え方は先にご紹介した『さんすう4』（同成社）をごらんください。

Ⅲ　評価基準

くり下がりのひき算は、くり上がりのたし算同様に、2けたや3けたのひき算のもとになる大切な計算です。位どりを意識させながら、「十タイルをバラバラの10にへんしーん」と大げさなくらいにくり下がりの動作を行いましょう。

子どもがタイルを自分で動かして答えを求められるようになったら、A46〜50のまとめに取りくみます。減加法ではひき算の後にたし算をしますが、答えを出すまでの過程が長くなります。最後に加えわすれることのないように、気をつけましょう。

A43 くりさがりのひきざん

$$\begin{array}{r} 13 \\ -\ 5 \\ \hline \end{array} \quad \begin{array}{r} 12 \\ -\ 9 \\ \hline \end{array}$$

①
$$\begin{array}{r} 13 \\ -\ \ 5 \\ \hline \end{array}$$

②
$$\begin{array}{r} 12 \\ -\ \ 5 \\ \hline \end{array}$$

③
$$\begin{array}{r} 11 \\ -\ \ 5 \\ \hline \end{array}$$

④
$$\begin{array}{r} 10 \\ -\ \ 5 \\ \hline \end{array}$$

⑤
$$\begin{array}{r} 14 \\ -\ \ 5 \\ \hline \end{array}$$

⑥
$$\begin{array}{r} 13 \\ -\ \ 7 \\ \hline \end{array}$$

⑦
$$\begin{array}{r} 14 \\ -\ \ 8 \\ \hline \end{array}$$

⑧
$$\begin{array}{r} 11 \\ -\ \ 6 \\ \hline \end{array}$$

⑨
$$\begin{array}{r} 13 \\ -\ \ 9 \\ \hline \end{array}$$

⑩
$$\begin{array}{r} 11 \\ -\ \ 8 \\ \hline \end{array}$$

⑪
$$\begin{array}{r} 10 \\ -\ \ 8 \\ \hline \end{array}$$

⑫
$$\begin{array}{r} 11 \\ -\ \ 7 \\ \hline \end{array}$$

⑬
$$\begin{array}{r} 11 \\ -\ \ 9 \\ \hline \end{array}$$

⑭
$$\begin{array}{r} 12 \\ -\ \ 8 \\ \hline \end{array}$$

⑮
$$\begin{array}{r} 10 \\ -\ \ 9 \\ \hline \end{array}$$

⑯
$$\begin{array}{r} 12 \\ -\ 9 \\ \hline \end{array}$$

A44 くりさがりのひきざん

$\begin{array}{r} 11 \\ -\ 6 \\ \hline \end{array}$ $\begin{array}{r} 15 \\ -\ 7 \\ \hline \end{array}$

① $\begin{array}{r} 12 \\ -\ 7 \\ \hline \end{array}$

② $\begin{array}{r} 14 \\ -\ 9 \\ \hline \end{array}$

③ $\begin{array}{r} 13 \\ -\ 8 \\ \hline \end{array}$

④ $\begin{array}{r} 11 \\ -\ 6 \\ \hline \end{array}$

⑤ $\begin{array}{r} 13 \\ -\ 9 \\ \hline \end{array}$

⑥ $\begin{array}{r} 11 \\ -\ 7 \\ \hline \end{array}$

⑦ $\begin{array}{r} 12 \\ -\ 9 \\ \hline \end{array}$

⑧ $\begin{array}{r} 14 \\ -\ 6 \\ \hline \end{array}$

⑨ $\begin{array}{r} 11 \\ -\ 5 \\ \hline \end{array}$

⑩ $\begin{array}{r} 15 \\ -\ 7 \\ \hline \end{array}$

⑪ $\begin{array}{r} 14 \\ -\ 5 \\ \hline \end{array}$

⑫ $\begin{array}{r} 15 \\ -\ 9 \\ \hline \end{array}$

⑬ $\begin{array}{r} 15 \\ -\ 8 \\ \hline \end{array}$

⑭ $\begin{array}{r} 13 \\ -\ 5 \\ \hline \end{array}$

⑮ $\begin{array}{r} 15 \\ -\ 6 \\ \hline \end{array}$

⑯ $\begin{array}{r} 12 \\ -\ 5 \\ \hline \end{array}$

A45 くりさがりのひきざん

$\begin{array}{r} 17 \\ -\ 9 \\ \hline \end{array}$ $\begin{array}{r} 14 \\ -\ 7 \\ \hline \end{array}$

① $\begin{array}{r} 18 \\ -\ \ 9 \\ \hline \end{array}$

② $\begin{array}{r} 17 \\ -\ \ 9 \\ \hline \end{array}$

③ $\begin{array}{r} 16 \\ -\ \ 8 \\ \hline \end{array}$

④ $\begin{array}{r} 17 \\ -\ \ 8 \\ \hline \end{array}$

⑤ $\begin{array}{r} 11 \\ -\ \ 4 \\ \hline \end{array}$

⑥ $\begin{array}{r} 12 \\ -\ \ 3 \\ \hline \end{array}$

⑦ $\begin{array}{r} 13 \\ -\ \ 4 \\ \hline \end{array}$

⑧ $\begin{array}{r} 12 \\ -\ \ 4 \\ \hline \end{array}$

⑨ $\begin{array}{r} 13 \\ -\ \ 7 \\ \hline \end{array}$

⑩ $\begin{array}{r} 12 \\ -\ \ 8 \\ \hline \end{array}$

⑪ $\begin{array}{r} 14 \\ -\ \ 7 \\ \hline \end{array}$

⑫ $\begin{array}{r} 12 \\ -\ \ 6 \\ \hline \end{array}$

⑬ $\begin{array}{r} 14 \\ -\ \ 8 \\ \hline \end{array}$

⑭ $\begin{array}{r} 13 \\ -\ \ 6 \\ \hline \end{array}$

⑮ $\begin{array}{r} 14 \\ -\ \ 6 \\ \hline \end{array}$

⑯ $\begin{array}{r} 14 \\ -\ \ 9 \\ \hline \end{array}$

A46 くりさがりのひきざん まとめ (ひっさん)

① $\begin{array}{r} 15 \\ -\ \ 8 \\ \hline \end{array}$

② $\begin{array}{r} 15 \\ -\ \ 9 \\ \hline \end{array}$

③ $\begin{array}{r} 13 \\ -\ \ 7 \\ \hline \end{array}$

④ $\begin{array}{r} 11 \\ -\ \ 3 \\ \hline \end{array}$

⑤ $\begin{array}{r} 12 \\ -\ \ 8 \\ \hline \end{array}$

⑥ $\begin{array}{r} 12 \\ -\ \ 4 \\ \hline \end{array}$

⑦ $\begin{array}{r} 11 \\ -\ \ 7 \\ \hline \end{array}$

⑧ $\begin{array}{r} 13 \\ -\ \ 4 \\ \hline \end{array}$

⑨ $\begin{array}{r} 11 \\ -\ \ 4 \\ \hline \end{array}$

⑩ $\begin{array}{r} 12 \\ -\ \ 9 \\ \hline \end{array}$

⑪ $\begin{array}{r} 13 \\ -\ \ 8 \\ \hline \end{array}$

⑫ $\begin{array}{r} 15 \\ -\ \ 7 \\ \hline \end{array}$

⑬ $\begin{array}{r} 14 \\ -\ \ 9 \\ \hline \end{array}$

⑭ $\begin{array}{r} 15 \\ -\ \ 6 \\ \hline \end{array}$

⑮ $\begin{array}{r} 14 \\ -\ \ 7 \\ \hline \end{array}$

⑯ $\begin{array}{r} 13 \\ -\ \ 9 \\ \hline \end{array}$

A47 くりさがりのひきざん まとめ (ひっさん)

① $\begin{array}{r} 12 \\ -\ \ 3 \\ \hline \end{array}$

② $\begin{array}{r} 13 \\ -\ \ 9 \\ \hline \end{array}$

③ $\begin{array}{r} 10 \\ -\ \ 7 \\ \hline \end{array}$

④ $\begin{array}{r} 12 \\ -\ \ 5 \\ \hline \end{array}$

⑤ $\begin{array}{r} 11 \\ -\ \ 3 \\ \hline \end{array}$

⑥ $\begin{array}{r} 10 \\ -\ \ 9 \\ \hline \end{array}$

⑦ $\begin{array}{r} 12 \\ -\ \ 4 \\ \hline \end{array}$

⑧ $\begin{array}{r} 16 \\ -\ \ 9 \\ \hline \end{array}$

⑨ $\begin{array}{r} 17 \\ -\ \ 8 \\ \hline \end{array}$

⑩ $\begin{array}{r} 12 \\ -\ \ 9 \\ \hline \end{array}$

⑪ $\begin{array}{r} 17 \\ -\ \ 9 \\ \hline \end{array}$

⑫ $\begin{array}{r} 16 \\ -\ \ 7 \\ \hline \end{array}$

⑬ $\begin{array}{r} 12 \\ -\ \ 7 \\ \hline \end{array}$

⑭ $\begin{array}{r} 10 \\ -\ \ 8 \\ \hline \end{array}$

⑮ $\begin{array}{r} 13 \\ -\ \ 7 \\ \hline \end{array}$

⑯ $\begin{array}{r} 16 \\ -\ \ 8 \\ \hline \end{array}$

A48 くりさがりのひきざん まとめ (あんざん)

① 14－8＝

② 10－6＝

③ 11－8＝

④ 12－5＝

⑤ 11－3＝

⑥ 16－8＝

⑦ 15－7＝

⑧ 17－9＝

⑨ 12－7＝

⑩ 18－9＝

⑪ 16－7＝

⑫ 13－8＝

⑬ 10－2＝

⑭ 14－9＝

⑮ 11－5＝

⑯ 13－6＝

⑰ 14－5＝

⑱ 17－8＝

⑲ 15－6＝

⑳ 16－9＝

A49 くりさがりのひきざん まとめ（あんざん）

① $11-4=$　　② $15-9=$

③ $13-7=$　　④ $10-8=$

⑤ $11-9=$　　⑥ $14-7=$

⑦ $15-8=$　　⑧ $12-4=$

⑨ $11-2=$　　⑩ $13-9=$

⑪ $15-6=$　　⑫ $11-5=$

⑬ $12-8=$　　⑭ $12-7=$

⑮ $10-5=$　　⑯ $18-9=$

⑰ $13-5=$　　⑱ $13-8=$

⑲ $13-6=$　　⑳ $10-9=$

A50 くりさがりのひきざん まとめ(ぶんしょうもんだい)

① みかんが 14こあります。そのうち 7こたべました。のこりはいくつですか。

ひっさん

しき

こたえ

② チョコレートが 12こあります。9こたべました。あといくつのこっていますか。

ひっさん

しき

こたえ

③ こいぬが 15ひきいます。8ひきは おすです。めすのこいぬは なんびきですか。

ひっさん

しき

こたえ

A51 くりあがり・くりさがりのけいさん

① 4 ＋ 6 ＋ 5 ＝　　② 3 ＋ 9 ＋ 4 ＝

③ 7 ＋ 3 ＋ 6 ＝　　④ 8 ＋ 2 ＋ 7 ＝

⑤ 6 ＋ 9 ＋ 1 ＝　　⑥ 13 － 4 － 5 ＝

⑦ 12 － 5 － 3 ＝　　⑧ 17 － 9 － 3 ＝

⑨ 14 － 6 － 1 ＝　　⑩ 11 － 3 － 4 ＝

⑪ $\begin{array}{r} 4 \\ +\ 7 \\ \hline \end{array}$　　⑫ $\begin{array}{r} 6 \\ +\ 8 \\ \hline \end{array}$　　⑬ $\begin{array}{r} 12 \\ -\ \ 5 \\ \hline \end{array}$　　⑭ $\begin{array}{r} 17 \\ -\ \ 9 \\ \hline \end{array}$

⑮ 7 ＋ 9 ＝　　⑯ 5 ＋ 8 ＝

⑰ 9 ＋ 2 ＝　　⑱ 12 － 3 ＝

⑲ 16 － 8 ＝　　⑳ 11 － 8 ＝

A52 くりあがり・くりさがりのけいさん まとめ（ぶんしょうもんだい）

① あかい　おさらに　くりが　８こ　きいろい　おさらに　くりが　５こ　あります。くりは　あわせて　なんこですか。

ひっさん

しき

こたえ

② たまごが　12こあります。７こを　つかいました。あと　なんこ　のこっていますか。

ひっさん

しき

こたえ

③ バスに　おきゃくさんが　８にんのっていました。７にん　のってくると　おきゃくさんは　ぜんぶで　なんにんでしょうか。

ひっさん

しき

こたえ

フレーム７

Ｉ　フレーム７で学ぶ計算問題の型分け

十の位＼一の位	2+2	2+0	0+2	0+0	9+9	9+1
2+2	22+22 (1296題)	22+20 (324題)	20+22 (324題)	20+20 (36題)	29+29 (1008題)	29+21 (252題)
2+0	22+2 (324題)	22+0 (81題)	20+2 (81題)	20+0 (９題)	29+9 (288題)	29+1 (72題)
0+2	2+22 (324題)	2+20 (81題)	0+22 (81題)	0+20 (９題)	9+29 (288題)	9+21 (72題)

たし算の複合過程の表

くりあがりなし（2+2・2+0・0+2・0+0の列）　くりあがりあり（9+9・9+1の列）

( ) 内は問題の数

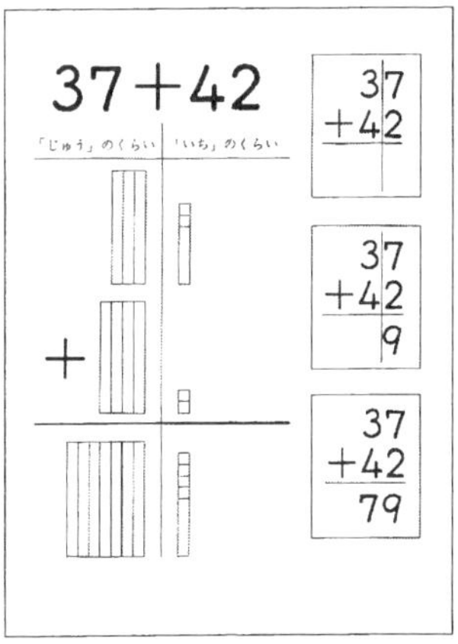

『さんすう４』(同成社刊)より

II　フレーム７の特徴と活用のしかた

フレーム７では２けたのたし算を学びます。ここで気をつけたいことは、一の位から先に計算をすることと、タイルから数字の筆算への移行です。

ここでもくり上がりのない計算からはじめます。37＋42を例に考えてみましょう。図のように、タイルを使った筆算から導入します。この場合一タイルどうしと十タイルどうしをそれぞれあわせることにだけ注意をすれば、答えの79は出せます。

でもくり上がりのある計算になるとどちらのタイルを先に計算したらいいか、順序を考える必要があります。３けた、４けたとけたが大きくなればなるほど、一の位から計算するほうがより合理的です。一の位から計算しようね、と子どもに声をかけながら教えてください。

タイルから数字の筆算へ移行するときは、タイルの筆算の上に数字をかかせるといいでしょう。数字とタイルが一体化してイメージに幅が出ます。さらに数字だけの筆算に移ったときは、タイル操作の代わりに自分でタイルをかいたり、余白に補助数字をかいたりすると少しずつ慣れていくことができます。筆算は、位が大きくなってもずっと使うことのできる計算方法です。時間をかけてしっかりと教えることが大切です。

III　評価基準

はじめはタイル操作やタイルの筆算を使いながら学習しますが、ここでは数字の筆算をみて自分なりに工夫して答えを出せるようになればいいでしょう。昨日まで余白にタイルをかいていた子どもが、急に頭のなかにタイルをイメージして答えを出せるようになることもあります。ゆっくり焦らずに見守りたいものです。

Ａ61からのまとめでまちがいやすいのは、０やくり上がりのある計算です。０の計算の場合はＡ54〜56で、くり上がりならＡ57〜60でもう一度確認してください。もっと基礎的なところでつまずきが目立つようなら、Ａ１やＡ３、Ａ６〜８、Ａ36・37にもどると計算方法を確認することができます。

A53 2けたのたしざん $\begin{array}{r}22\\+22\\\hline\end{array}$

① 43 +26

② 54 +34

③ 65 +31

④ 73 +15

⑤ 23 +44

⑥ 13 +22

⑦ 46 +52

⑧ 73 +25

⑨ 13 +84

⑩ 36 +21

⑪ 25 +43

⑫ 21 +74

⑬ 43 +22

⑭ 16 +53

⑮ 56 +41

⑯ 47 +42

A54 2けたのたしざん

$\begin{array}{r} 22 \\ +20 \\ \hline \end{array}$ $\begin{array}{r} 20 \\ +22 \\ \hline \end{array}$ $\begin{array}{r} 20 \\ +\ 2 \\ \hline \end{array}$

① $\begin{array}{r} 25 \\ +40 \\ \hline \end{array}$

② $\begin{array}{r} 49 \\ +50 \\ \hline \end{array}$

③ $\begin{array}{r} 56 \\ +30 \\ \hline \end{array}$

④ $\begin{array}{r} 18 \\ +70 \\ \hline \end{array}$

⑤ $\begin{array}{r} 34 \\ +60 \\ \hline \end{array}$

⑥ $\begin{array}{r} 10 \\ +38 \\ \hline \end{array}$

⑦ $\begin{array}{r} 50 \\ +24 \\ \hline \end{array}$

⑧ $\begin{array}{r} 80 \\ +18 \\ \hline \end{array}$

⑨ $\begin{array}{r} 20 \\ +45 \\ \hline \end{array}$

⑩ $\begin{array}{r} 80 \\ +12 \\ \hline \end{array}$

⑪ $\begin{array}{r} 30 \\ +50 \\ \hline \end{array}$

⑫ $\begin{array}{r} 60 \\ +20 \\ \hline \end{array}$

⑬ $\begin{array}{r} 70 \\ +10 \\ \hline \end{array}$

⑭ $\begin{array}{r} 50 \\ +40 \\ \hline \end{array}$

⑮ $\begin{array}{r} 30 \\ +40 \\ \hline \end{array}$

⑯ $\begin{array}{r} 10 \\ +80 \\ \hline \end{array}$

A55 2けたのたしざん

$\begin{array}{r} 22 \\ +\ 2 \\ \hline \end{array}$ $\begin{array}{r} 22 \\ +\ 0 \\ \hline \end{array}$ $\begin{array}{r} 20 \\ +\ 2 \\ \hline \end{array}$ $\begin{array}{r} 20 \\ +\ 0 \\ \hline \end{array}$

① $\begin{array}{r} 32 \\ +\ 7 \\ \hline \end{array}$

② $\begin{array}{r} 46 \\ +\ 1 \\ \hline \end{array}$

③ $\begin{array}{r} 53 \\ +\ 4 \\ \hline \end{array}$

④ $\begin{array}{r} 42 \\ +\ 5 \\ \hline \end{array}$

⑤ $\begin{array}{r} 56 \\ +\ 0 \\ \hline \end{array}$

⑥ $\begin{array}{r} 28 \\ +\ 0 \\ \hline \end{array}$

⑦ $\begin{array}{r} 17 \\ +\ 0 \\ \hline \end{array}$

⑧ $\begin{array}{r} 83 \\ +\ 0 \\ \hline \end{array}$

⑨ $\begin{array}{r} 20 \\ +\ 7 \\ \hline \end{array}$

⑩ $\begin{array}{r} 10 \\ +\ 9 \\ \hline \end{array}$

⑪ $\begin{array}{r} 80 \\ +\ 1 \\ \hline \end{array}$

⑫ $\begin{array}{r} 50 \\ +\ 9 \\ \hline \end{array}$

⑬ $\begin{array}{r} 70 \\ +\ 0 \\ \hline \end{array}$

⑭ $\begin{array}{r} 90 \\ +\ 0 \\ \hline \end{array}$

⑮ $\begin{array}{r} 30 \\ +\ 0 \\ \hline \end{array}$

⑯ $\begin{array}{r} 10 \\ +\ 0 \\ \hline \end{array}$

A56 2けたのたしざん

$$\begin{array}{r} 2 \\ +22 \\ \hline \end{array} \quad \begin{array}{r} 2 \\ +20 \\ \hline \end{array}$$

$$\begin{array}{r} 0 \\ +22 \\ \hline \end{array} \quad \begin{array}{r} 0 \\ +20 \\ \hline \end{array}$$

①
$$\begin{array}{r} 3 \\ +73 \\ \hline \end{array}$$

②
$$\begin{array}{r} 7 \\ +32 \\ \hline \end{array}$$

③
$$\begin{array}{r} 1 \\ +46 \\ \hline \end{array}$$

④
$$\begin{array}{r} 4 \\ +53 \\ \hline \end{array}$$

⑤
$$\begin{array}{r} 4 \\ +80 \\ \hline \end{array}$$

⑥
$$\begin{array}{r} 3 \\ +50 \\ \hline \end{array}$$

⑦
$$\begin{array}{r} 9 \\ +70 \\ \hline \end{array}$$

⑧
$$\begin{array}{r} 6 \\ +20 \\ \hline \end{array}$$

⑨
$$\begin{array}{r} 0 \\ +13 \\ \hline \end{array}$$

⑩
$$\begin{array}{r} 0 \\ +38 \\ \hline \end{array}$$

⑪
$$\begin{array}{r} 0 \\ +24 \\ \hline \end{array}$$

⑫
$$\begin{array}{r} 0 \\ +75 \\ \hline \end{array}$$

⑬
$$\begin{array}{r} 0 \\ +30 \\ \hline \end{array}$$

⑭
$$\begin{array}{r} 0 \\ +90 \\ \hline \end{array}$$

⑮
$$\begin{array}{r} 0 \\ +40 \\ \hline \end{array}$$

⑯
$$\begin{array}{r} 0 \\ +10 \\ \hline \end{array}$$

A57 くりあがりのある 2けたのたしざん

$$\begin{array}{r} 29 \\ +29 \\ \hline \end{array}$$

① $\begin{array}{r} 39 \\ +47 \\ \hline \end{array}$

② $\begin{array}{r} 76 \\ +18 \\ \hline \end{array}$

③ $\begin{array}{r} 44 \\ +39 \\ \hline \end{array}$

④ $\begin{array}{r} 56 \\ +37 \\ \hline \end{array}$

⑤ $\begin{array}{r} 75 \\ +16 \\ \hline \end{array}$

⑥ $\begin{array}{r} 17 \\ +48 \\ \hline \end{array}$

⑦ $\begin{array}{r} 28 \\ +58 \\ \hline \end{array}$

⑧ $\begin{array}{r} 59 \\ +23 \\ \hline \end{array}$

⑨ $\begin{array}{r} 58 \\ +17 \\ \hline \end{array}$

⑩ $\begin{array}{r} 68 \\ +24 \\ \hline \end{array}$

⑪ $\begin{array}{r} 69 \\ +14 \\ \hline \end{array}$

⑫ $\begin{array}{r} 45 \\ +36 \\ \hline \end{array}$

⑬ $\begin{array}{r} 19 \\ +19 \\ \hline \end{array}$

⑭ $\begin{array}{r} 37 \\ +27 \\ \hline \end{array}$

⑮ $\begin{array}{r} 46 \\ +38 \\ \hline \end{array}$

⑯ $\begin{array}{r} 77 \\ +14 \\ \hline \end{array}$

A58 くりあがりのある 2けたのたしざん

$\begin{array}{r} 29 \\ +21 \\ \hline \end{array}$

① $\begin{array}{r} 23 \\ +47 \\ \hline \end{array}$

② $\begin{array}{r} 52 \\ +38 \\ \hline \end{array}$

③ $\begin{array}{r} 24 \\ +36 \\ \hline \end{array}$

④ $\begin{array}{r} 79 \\ +11 \\ \hline \end{array}$

⑤ $\begin{array}{r} 35 \\ +55 \\ \hline \end{array}$

⑥ $\begin{array}{r} 47 \\ +33 \\ \hline \end{array}$

⑦ $\begin{array}{r} 18 \\ +32 \\ \hline \end{array}$

⑧ $\begin{array}{r} 56 \\ +34 \\ \hline \end{array}$

⑨ $\begin{array}{r} 36 \\ +44 \\ \hline \end{array}$

⑩ $\begin{array}{r} 21 \\ +59 \\ \hline \end{array}$

⑪ $\begin{array}{r} 53 \\ +27 \\ \hline \end{array}$

⑫ $\begin{array}{r} 18 \\ +42 \\ \hline \end{array}$

⑬ $\begin{array}{r} 34 \\ +56 \\ \hline \end{array}$

⑭ $\begin{array}{r} 67 \\ +13 \\ \hline \end{array}$

⑮ $\begin{array}{r} 52 \\ +28 \\ \hline \end{array}$

⑯ $\begin{array}{r} 35 \\ +15 \\ \hline \end{array}$

A59 くりあがりのある 2けたのたしざん

$$\begin{array}{r} 29 \\ +\ 9 \\ \hline \end{array} \qquad \begin{array}{r} 29 \\ +\ 1 \\ \hline \end{array}$$

① $$\begin{array}{r} 26 \\ +\ 8 \\ \hline \end{array}$$

② $$\begin{array}{r} 49 \\ +\ 9 \\ \hline \end{array}$$

③ $$\begin{array}{r} 14 \\ +\ 7 \\ \hline \end{array}$$

④ $$\begin{array}{r} 77 \\ +\ 7 \\ \hline \end{array}$$

⑤ $$\begin{array}{r} 38 \\ +\ 5 \\ \hline \end{array}$$

⑥ $$\begin{array}{r} 37 \\ +\ 6 \\ \hline \end{array}$$

⑦ $$\begin{array}{r} 55 \\ +\ 6 \\ \hline \end{array}$$

⑧ $$\begin{array}{r} 14 \\ +\ 9 \\ \hline \end{array}$$

⑨ $$\begin{array}{r} 11 \\ +\ 9 \\ \hline \end{array}$$

⑩ $$\begin{array}{r} 27 \\ +\ 3 \\ \hline \end{array}$$

⑪ $$\begin{array}{r} 75 \\ +\ 5 \\ \hline \end{array}$$

⑫ $$\begin{array}{r} 63 \\ +\ 7 \\ \hline \end{array}$$

⑬ $$\begin{array}{r} 34 \\ +\ 6 \\ \hline \end{array}$$

⑭ $$\begin{array}{r} 82 \\ +\ 8 \\ \hline \end{array}$$

⑮ $$\begin{array}{r} 46 \\ +\ 4 \\ \hline \end{array}$$

⑯ $$\begin{array}{r} 58 \\ +\ 2 \\ \hline \end{array}$$

A60 くりあがりのある 2けたのたしざん

$\begin{array}{r} 9 \\ +29 \\ \hline \end{array}$ $\begin{array}{r} 9 \\ +21 \\ \hline \end{array}$

① $\begin{array}{r} 8 \\ +54 \\ \hline \end{array}$

② $\begin{array}{r} 9 \\ +47 \\ \hline \end{array}$

③ $\begin{array}{r} 6 \\ +25 \\ \hline \end{array}$

④ $\begin{array}{r} 3 \\ +88 \\ \hline \end{array}$

⑤ $\begin{array}{r} 5 \\ +19 \\ \hline \end{array}$

⑥ $\begin{array}{r} 7 \\ +36 \\ \hline \end{array}$

⑦ $\begin{array}{r} 9 \\ +63 \\ \hline \end{array}$

⑧ $\begin{array}{r} 5 \\ +37 \\ \hline \end{array}$

⑨ $\begin{array}{r} 5 \\ +65 \\ \hline \end{array}$

⑩ $\begin{array}{r} 4 \\ +76 \\ \hline \end{array}$

⑪ $\begin{array}{r} 8 \\ +32 \\ \hline \end{array}$

⑫ $\begin{array}{r} 9 \\ +11 \\ \hline \end{array}$

⑬ $\begin{array}{r} 3 \\ +27 \\ \hline \end{array}$

⑭ $\begin{array}{r} 2 \\ +48 \\ \hline \end{array}$

⑮ $\begin{array}{r} 5 \\ +85 \\ \hline \end{array}$

⑯ $\begin{array}{r} 6 \\ +34 \\ \hline \end{array}$

A61 2けたのたしざん まとめ (ひっさん)

① $\begin{array}{r} 34 \\ +25 \\ \hline \end{array}$

② $\begin{array}{r} 50 \\ +20 \\ \hline \end{array}$

③ $\begin{array}{r} 25 \\ +\ \ 6 \\ \hline \end{array}$

④ $\begin{array}{r} 80 \\ +\ \ 3 \\ \hline \end{array}$

⑤ $\begin{array}{r} 80 \\ +12 \\ \hline \end{array}$

⑥ $\begin{array}{r} 99 \\ +\ \ 0 \\ \hline \end{array}$

⑦ $\begin{array}{r} 54 \\ +28 \\ \hline \end{array}$

⑧ $\begin{array}{r} 75 \\ +17 \\ \hline \end{array}$

⑨ $\begin{array}{r} 25 \\ +25 \\ \hline \end{array}$

⑩ $\begin{array}{r} 37 \\ +34 \\ \hline \end{array}$

⑪ $\begin{array}{r} 42 \\ +48 \\ \hline \end{array}$

⑫ $\begin{array}{r} 69 \\ +19 \\ \hline \end{array}$

⑬ $\begin{array}{r} 18 \\ +28 \\ \hline \end{array}$

⑭ $\begin{array}{r} 66 \\ +16 \\ \hline \end{array}$

⑮ $\begin{array}{r} 14 \\ +32 \\ \hline \end{array}$

⑯ $\begin{array}{r} 6 \\ +21 \\ \hline \end{array}$

A62 2けたのたしざん まとめ (ひっさん)

① $\begin{array}{r} 7 \\ +14 \\ \hline \end{array}$

② $\begin{array}{r} 14 \\ +56 \\ \hline \end{array}$

③ $\begin{array}{r} 67 \\ +\ \ 2 \\ \hline \end{array}$

④ $\begin{array}{r} 35 \\ +40 \\ \hline \end{array}$

⑤ $\begin{array}{r} 4 \\ +58 \\ \hline \end{array}$

⑥ $\begin{array}{r} 62 \\ +14 \\ \hline \end{array}$

⑦ $\begin{array}{r} 8 \\ +77 \\ \hline \end{array}$

⑧ $\begin{array}{r} 15 \\ +\ \ 7 \\ \hline \end{array}$

⑨ $\begin{array}{r} 57 \\ +28 \\ \hline \end{array}$

⑩ $\begin{array}{r} 32 \\ +\ \ 9 \\ \hline \end{array}$

⑪ $\begin{array}{r} 16 \\ +55 \\ \hline \end{array}$

⑫ $\begin{array}{r} 70 \\ +\ \ 3 \\ \hline \end{array}$

⑬ $\begin{array}{r} 3 \\ +27 \\ \hline \end{array}$

⑭ $\begin{array}{r} 31 \\ +50 \\ \hline \end{array}$

⑮ $\begin{array}{r} 9 \\ +28 \\ \hline \end{array}$

⑯ $\begin{array}{r} 16 \\ +55 \\ \hline \end{array}$

A63 2けたのたしざん まとめ (よこがきざん→ひっさん)

たてがきに　なおして　けいさんしましょう。

① 23＋34　② 61＋10　③ 54＋19

④ 39＋2　⑤ 18＋6　⑥ 25＋36

⑦ 2＋88　⑧ 32＋44　⑨ 66＋27

⑩ 5＋67　⑪ 80＋13　⑫ 9＋30

A64 2けたのたしざん まとめ
(あんざん)

① 50＋5＝　　② 4＋30＝

③ 21＋3＝　　④ 8＋71＝

⑤ 37＋1＝　　⑥ 47＋3＝

⑦ 25＋5＝　　⑧ 8＋12＝

⑨ 36＋5＝　　⑩ 4＋77＝

⑪ 32＋12＝　　⑫ 53＋26＝

⑬ 74＋13＝　　⑭ 27＋10＝

⑮ 80＋10＝　　⑯ 63＋19＝

⑰ 46＋27＝　　⑱ 44＋36＝

⑲ 35＋47＝　　⑳ 71＋19＝

A65　2けたのたしざん まとめ
(ぶんしょうもんだい)

① かきの木《き》の　上《うえ》のえだに　みが7こ　下《した》のえだに　16こ
なっています。かきは　あわせて　いくつ　なっていますか。

ひっさん

しき

こたえ

② まきさんのくみの　男《おとこ》の子《こ》は17人《にん》　女《おんな》の子《こ》は15人《にん》います。
このくみの　人《にん》ずうは　なん人《にん》ですか。

ひっさん

しき

こたえ

③ こうたくんのくみには　本《ほん》が　78さつ　ありました。きょう
9さつ　ふえました。ぜんぶで　なんさつに　なりましたか。

ひっさん

しき

こたえ

A66 2けたのたしざん まとめ (ぶんしょうもんだい)

① 30円《えん》のチョコレートと　20円《えん》のあめを　かいました。
あわせて　いくらですか。

ひっさん

しき

こたえ

② いけに　金《きん》ぎょが　17ひき　いました。きょう　5ひき
かってきました。ぜんぶで　なんびきに　なりましたか。

ひっさん

しき

こたえ

③ きのう　みずうみに　白《はく》ちょうが　38わ　とんできました。
きょうは　50ぱ　ふえました。ぜんぶで　なんわいるでしょうか。

ひっさん

しき

こたえ

フレーム 8

Ⅰ　フレーム 8 で学ぶ計算問題の型分け

十の位＼一の位	9−2	9−0	2−2	0−0	12−9	10−9
9−2	99−22 (1296題)	99−20 (324題)	92−22 (324題)	90−20 (36題)	92−29 (1008題)	90−29 (252題)
9−0	99− 2 (324題)	99− 0 (81題)	92− 2 (81題)	90− 0 (9題)	92− 9 (288題)	90− 9 (72題)
2−2	29−22 (324題)	29−20 (81題)	22−22 (81題)	20−20 (9題)	32−29 (288題)	30−29 (72題)

ひき算の複合過程の表

くりさがりなし（9−2, 9−0, 2−2, 0−0 の列）　くりさがりあり（12−9, 10−9 の列）

( ) 内は問題の数

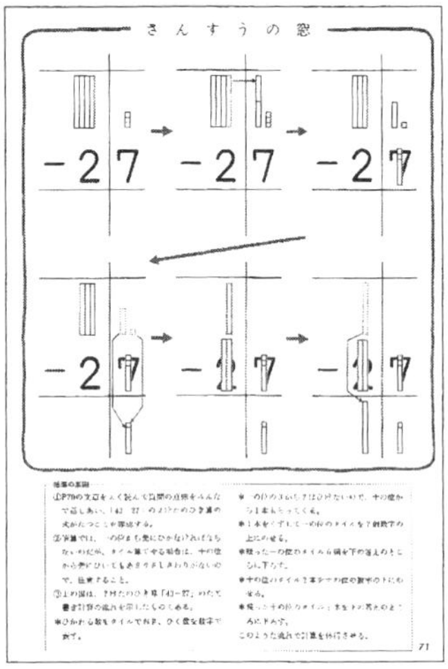

『さんすう４』（同成社刊）より

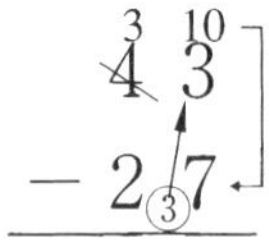

Ⅱ　フレーム 8 の特徴と活用のしかた

このフレームで学ぶ２けたのひき算のポイントは、０の計算とくり下がりです。０の計算にはつぎのようなパターンがあります。

①　(99−20) 型……一の位で０をひくもの

②　(92−22) 型……一の位の答えが０になるもの

③　(90−20) 型……０から０をひくため、一の位の答えが０になるもの

④　(29−22) 型……答えが１けたになるもの

とくに気をつけたいのがＡ70で扱う④の型です。これらは十の位が０になりますが、いちばん大きな位に０はかきませんから、この０は省略します。数字の途中や一の位にある０は省略できないのに、と混乱する子もいます。わかるようになるまでゆっくりすすめましょう。

Ａ71から学ぶくり下がりの計算では２けたのくり上がりと同様に、一の位から先にひき算をすることと、タイルから数字の筆算への移行に注意しましょう。

ひき算をタイルの筆算で計算する場合、ひく数は数字のままかきます。そしてこの上に、ひいたタイルを一の位から順においていきます。この計算に十分慣れてきたら、数字だけの筆算に移ります。くり下がりの10をかきこんだり、10からひいた補数を小さくかいておいたり、計算の順序を矢印で示したりと、子どもに合った計算方法を工夫して教えたいものです。

Ⅲ　評価基準

その子なりの工夫のしかたで、数字だけの筆算ができるようになれば、２けたのひき算は卒業です。ひき算はたし算にくらべると計算の過程が複雑です。子どもが理解するまで、たっぷりと時間をかけたいものです。

Ａ75からのまとめで子どもがまちがいやすいのは、０やくり下がりのある計算です。０の計算の場合はＡ68〜70を、くり下がりではＡ71〜74をもう一度確認することが大切です。まだ不安が残るようなら、Ａ２や４、Ａ10〜12、Ａ43〜45でポイントをしぼった計算に取りくみましょう。

A67 2けたのひきざん $\begin{array}{r} 99 \\ -22 \\ \hline \end{array}$

① $\begin{array}{r} 45 \\ -23 \\ \hline \end{array}$

② $\begin{array}{r} 67 \\ -54 \\ \hline \end{array}$

③ $\begin{array}{r} 88 \\ -37 \\ \hline \end{array}$

④ $\begin{array}{r} 49 \\ -24 \\ \hline \end{array}$

⑤ $\begin{array}{r} 38 \\ -21 \\ \hline \end{array}$

⑥ $\begin{array}{r} 29 \\ -13 \\ \hline \end{array}$

⑦ $\begin{array}{r} 64 \\ -43 \\ \hline \end{array}$

⑧ $\begin{array}{r} 33 \\ -21 \\ \hline \end{array}$

⑨ $\begin{array}{r} 98 \\ -77 \\ \hline \end{array}$

⑩ $\begin{array}{r} 86 \\ -34 \\ \hline \end{array}$

⑪ $\begin{array}{r} 82 \\ -41 \\ \hline \end{array}$

⑫ $\begin{array}{r} 58 \\ -45 \\ \hline \end{array}$

⑬ $\begin{array}{r} 76 \\ -11 \\ \hline \end{array}$

⑭ $\begin{array}{r} 97 \\ -53 \\ \hline \end{array}$

⑮ $\begin{array}{r} 56 \\ -32 \\ \hline \end{array}$

⑯ $\begin{array}{r} 49 \\ -26 \\ \hline \end{array}$

A68 2けたのひきざん

99 −20　92 −22　90 −20

①
79
−30

②
53
−30

③
75
−40

④
88
−60

⑤
35
−20

⑥
67
−40

⑦
34
−14

⑧
99
−79

⑨
75
−35

⑩
81
−21

⑪
63
−13

⑫
60
−50

⑬
80
−50

⑭
30
−10

⑮
90
−60

⑯
40
−30

A69　2けたのひきざん

$\begin{array}{r} 99 \\ -\ 2 \\ \hline 99 \\ -\ 2 \\ \hline \end{array}$　$\begin{array}{r} 99 \\ -\ 0 \\ \hline 92 \\ -\ 0 \\ \hline \end{array}$

① $\begin{array}{r} 65 \\ -\ \ 1 \\ \hline \end{array}$

② $\begin{array}{r} 28 \\ -\ \ 2 \\ \hline \end{array}$

③ $\begin{array}{r} 73 \\ -\ \ 2 \\ \hline \end{array}$

④ $\begin{array}{r} 46 \\ -\ \ 3 \\ \hline \end{array}$

⑤ $\begin{array}{r} 48 \\ -\ \ 0 \\ \hline \end{array}$

⑥ $\begin{array}{r} 62 \\ -\ \ 0 \\ \hline \end{array}$

⑦ $\begin{array}{r} 35 \\ -\ \ 0 \\ \hline \end{array}$

⑧ $\begin{array}{r} 12 \\ -\ \ 0 \\ \hline \end{array}$

⑨ $\begin{array}{r} 52 \\ -\ \ 2 \\ \hline \end{array}$

⑩ $\begin{array}{r} 34 \\ -\ \ 4 \\ \hline \end{array}$

⑪ $\begin{array}{r} 79 \\ -\ \ 9 \\ \hline \end{array}$

⑫ $\begin{array}{r} 61 \\ -\ \ 1 \\ \hline \end{array}$

⑬ $\begin{array}{r} 50 \\ -\ \ 0 \\ \hline \end{array}$

⑭ $\begin{array}{r} 30 \\ -\ \ 0 \\ \hline \end{array}$

⑮ $\begin{array}{r} 90 \\ -\ \ 0 \\ \hline \end{array}$

⑯ $\begin{array}{r} 20 \\ -\ \ 0 \\ \hline \end{array}$

A70 2けたのひきざん

29	29	22	20
−22	−20	−22	−20

①	②	③	④
53	67	78	26
−51	−63	−75	−24

⑤	⑥	⑦	⑧
27	34	52	49
−20	−30	−50	−40

⑨	⑩	⑪	⑫
56	89	61	26
−56	−89	−61	−26

⑬	⑭	⑮	⑯
50	20	60	80
−50	−20	−60	−80

A71 くりさがりのある 2けたのひきざん

$\begin{array}{r} 92 \\ -29 \\ \hline \end{array}$

① $\begin{array}{r} 84 \\ -25 \\ \hline \end{array}$

② $\begin{array}{r} 53 \\ -14 \\ \hline \end{array}$

③ $\begin{array}{r} 62 \\ -38 \\ \hline \end{array}$

④ $\begin{array}{r} 98 \\ -59 \\ \hline \end{array}$

⑤ $\begin{array}{r} 47 \\ -28 \\ \hline \end{array}$

⑥ $\begin{array}{r} 55 \\ -27 \\ \hline \end{array}$

⑦ $\begin{array}{r} 31 \\ -19 \\ \hline \end{array}$

⑧ $\begin{array}{r} 63 \\ -16 \\ \hline \end{array}$

⑨ $\begin{array}{r} 42 \\ -25 \\ \hline \end{array}$

⑩ $\begin{array}{r} 71 \\ -24 \\ \hline \end{array}$

⑪ $\begin{array}{r} 87 \\ -39 \\ \hline \end{array}$

⑫ $\begin{array}{r} 33 \\ -18 \\ \hline \end{array}$

⑬ $\begin{array}{r} 46 \\ -27 \\ \hline \end{array}$

⑭ $\begin{array}{r} 71 \\ -48 \\ \hline \end{array}$

⑮ $\begin{array}{r} 56 \\ -28 \\ \hline \end{array}$

⑯ $\begin{array}{r} 61 \\ -23 \\ \hline \end{array}$

A72 くりさがりのある 2けたのひきざん

$$\begin{array}{r} 90 \\ -29 \\ \hline \end{array}$$

①	②	③	④
$\begin{array}{r} 50 \\ -17 \\ \hline \end{array}$	$\begin{array}{r} 40 \\ -28 \\ \hline \end{array}$	$\begin{array}{r} 70 \\ -42 \\ \hline \end{array}$	$\begin{array}{r} 30 \\ -15 \\ \hline \end{array}$
⑤	⑥	⑦	⑧
$\begin{array}{r} 70 \\ -54 \\ \hline \end{array}$	$\begin{array}{r} 80 \\ -33 \\ \hline \end{array}$	$\begin{array}{r} 90 \\ -61 \\ \hline \end{array}$	$\begin{array}{r} 60 \\ -29 \\ \hline \end{array}$
⑨	⑩	⑪	⑫
$\begin{array}{r} 60 \\ -36 \\ \hline \end{array}$	$\begin{array}{r} 40 \\ -13 \\ \hline \end{array}$	$\begin{array}{r} 80 \\ -27 \\ \hline \end{array}$	$\begin{array}{r} 90 \\ -21 \\ \hline \end{array}$
⑬	⑭	⑮	⑯
$\begin{array}{r} 70 \\ -32 \\ \hline \end{array}$	$\begin{array}{r} 50 \\ -24 \\ \hline \end{array}$	$\begin{array}{r} 30 \\ -11 \\ \hline \end{array}$	$\begin{array}{r} 60 \\ -49 \\ \hline \end{array}$

A73 くりさがりのある 2けたのひきざん

$92 - 9$　$90 - 9$

① $73 - 9$

② $64 - 6$

③ $47 - 8$

④ $52 - 4$

⑤ $31 - 4$

⑥ $57 - 9$

⑦ $81 - 2$

⑧ $73 - 9$

⑨ $50 - 7$

⑩ $30 - 9$

⑪ $20 - 5$

⑫ $90 - 4$

⑬ $60 - 3$

⑭ $40 - 8$

⑮ $80 - 6$

⑯ $30 - 2$

A74 くりさがりのある 2けたのひきざん

$$\begin{array}{r}32\\-29\\\hline\end{array}\qquad\begin{array}{r}30\\-29\\\hline\end{array}$$

① $$\begin{array}{r}65\\-58\\\hline\end{array}$$

② $$\begin{array}{r}35\\-29\\\hline\end{array}$$

③ $$\begin{array}{r}87\\-79\\\hline\end{array}$$

④ $$\begin{array}{r}41\\-36\\\hline\end{array}$$

⑤ $$\begin{array}{r}73\\-66\\\hline\end{array}$$

⑥ $$\begin{array}{r}64\\-55\\\hline\end{array}$$

⑦ $$\begin{array}{r}23\\-16\\\hline\end{array}$$

⑧ $$\begin{array}{r}95\\-87\\\hline\end{array}$$

⑨ $$\begin{array}{r}50\\-49\\\hline\end{array}$$

⑩ $$\begin{array}{r}60\\-57\\\hline\end{array}$$

⑪ $$\begin{array}{r}80\\-76\\\hline\end{array}$$

⑫ $$\begin{array}{r}30\\-28\\\hline\end{array}$$

⑬ $$\begin{array}{r}40\\-32\\\hline\end{array}$$

⑭ $$\begin{array}{r}70\\-65\\\hline\end{array}$$

⑮ $$\begin{array}{r}80\\-74\\\hline\end{array}$$

⑯ $$\begin{array}{r}40\\-33\\\hline\end{array}$$

A75 2けたのひきざん まとめ (ひっさん)

① $\begin{array}{r} 63 \\ -21 \\ \hline \end{array}$

② $\begin{array}{r} 62 \\ -19 \\ \hline \end{array}$

③ $\begin{array}{r} 96 \\ -\ \ 0 \\ \hline \end{array}$

④ $\begin{array}{r} 30 \\ -26 \\ \hline \end{array}$

⑤ $\begin{array}{r} 35 \\ -\ \ 4 \\ \hline \end{array}$

⑥ $\begin{array}{r} 78 \\ -40 \\ \hline \end{array}$

⑦ $\begin{array}{r} 50 \\ -34 \\ \hline \end{array}$

⑧ $\begin{array}{r} 84 \\ -\ \ 4 \\ \hline \end{array}$

⑨ $\begin{array}{r} 60 \\ -\ \ 0 \\ \hline \end{array}$

⑩ $\begin{array}{r} 32 \\ -19 \\ \hline \end{array}$

⑪ $\begin{array}{r} 40 \\ -10 \\ \hline \end{array}$

⑫ $\begin{array}{r} 52 \\ -50 \\ \hline \end{array}$

⑬ $\begin{array}{r} 52 \\ -32 \\ \hline \end{array}$

⑭ $\begin{array}{r} 60 \\ -27 \\ \hline \end{array}$

⑮ $\begin{array}{r} 54 \\ -\ \ 9 \\ \hline \end{array}$

⑯ $\begin{array}{r} 81 \\ -42 \\ \hline \end{array}$

A76 2けたのひきざん まとめ
(ひっさん)

① $\begin{array}{r} 80 \\ -20 \\ \hline \end{array}$

② $\begin{array}{r} 50 \\ -41 \\ \hline \end{array}$

③ $\begin{array}{r} 20 \\ -20 \\ \hline \end{array}$

④ $\begin{array}{r} 64 \\ -\ \ 2 \\ \hline \end{array}$

⑤ $\begin{array}{r} 93 \\ -93 \\ \hline \end{array}$

⑥ $\begin{array}{r} 76 \\ -69 \\ \hline \end{array}$

⑦ $\begin{array}{r} 12 \\ -\ \ 0 \\ \hline \end{array}$

⑧ $\begin{array}{r} 50 \\ -\ \ 4 \\ \hline \end{array}$

⑨ $\begin{array}{r} 63 \\ -\ \ 8 \\ \hline \end{array}$

⑩ $\begin{array}{r} 34 \\ -\ \ 4 \\ \hline \end{array}$

⑪ $\begin{array}{r} 63 \\ -61 \\ \hline \end{array}$

⑫ $\begin{array}{r} 80 \\ -\ \ 0 \\ \hline \end{array}$

⑬ $\begin{array}{r} 57 \\ -50 \\ \hline \end{array}$

⑭ $\begin{array}{r} 50 \\ -39 \\ \hline \end{array}$

⑮ $\begin{array}{r} 48 \\ -28 \\ \hline \end{array}$

⑯ $\begin{array}{r} 83 \\ -76 \\ \hline \end{array}$

A77 2けたのひきざん まとめ (よこがきざん→ひっさん)

たてがきに　なおして　けいさんしましょう。

① 61－38　② 74－52　③ 50－ 8

④ 50－30　⑤ 76－29　⑥ 63－63

⑦ 50－31　⑧ 48－19　⑨ 34－ 7

⑩ 48－40　⑪ 69－62　⑫ 80－ 0

A78 2けたのひきざん まとめ
(あんざん)

① 24－13＝　　② 36－26＝

③ 49－27＝　　④ 73－33＝

⑤ 52－36＝　　⑥ 75－46＝

⑦ 82－35＝　　⑧ 65－49＝

⑨ 40－11＝　　⑩ 60－27＝

⑪ 80－52＝　　⑫ 90－28＝

⑬ 54－7＝　　⑭ 21－6＝

⑮ 55－6＝　　⑯ 26－8＝

⑰ 30－5＝　　⑱ 40－7＝

⑲ 80－9＝　　⑳ 90－2＝

A79 2けたのひきざん まとめ (ぶんしょうもんだい)

① 37人《にん》のクラスで 4人《にん》 休《やす》むと 学校《がっこう》に きている子《こ》は なん人《にん》に なりますか。

ひっさん

しき

こたえ

② さんすうのもんだいが 26だい あります。いままでに 18だい できました。あと なんだい のこっていますか。

ひっさん

しき

こたえ

③ 45円《えん》の えんぴつを かって 50円《えん》を はらうと おつりは いくらですか。

ひっさん

しき

こたえ

A80 2けたのひきざん まとめ
(ぶんしょうもんだい)

① 子《こ》どもが 34人《にん》います。いすが 28こあります。子《こ》どもと いすでは どちらが どれだけ おおいですか。

ひっさん

しき

こたえ

② えんぴつが 23本《ぼん》あります。キャップが 31こあります。どちらが どれだけ おおいですか。

ひっさん

しき

こたえ

③ なしは 1こ 95円《えん》です。かきは 1こ 65円《えん》です。どちらが いくら たかいですか。

ひっさん

しき

こたえ

A81 2けたのたしざん まとめ

①

$$\begin{array}{r} 43 \\ +56 \\ \hline \end{array}$$

②

$$\begin{array}{r} 57 \\ +30 \\ \hline \end{array}$$

③

$$\begin{array}{r} 49 \\ +38 \\ \hline \end{array}$$

④

$$\begin{array}{r} 32 \\ +\ \ 6 \\ \hline \end{array}$$

⑤

$$\begin{array}{r} 23 \\ +47 \\ \hline \end{array}$$

⑥

$$\begin{array}{r} 6 \\ +33 \\ \hline \end{array}$$

⑦

$$\begin{array}{r} 27 \\ +\ \ 5 \\ \hline \end{array}$$

⑧

$$\begin{array}{r} 79 \\ +19 \\ \hline \end{array}$$

⑨ 34＋57＝

⑩ 23＋59＝

⑪ 45＋16＝

⑫ 67＋25＝

⑬ 41＋19＝

⑭ 32＋39＝

⑮ 57＋38＝

⑯ 77＋17＝

⑰ 24＋37＝

⑱ 56＋17＝

A82 2けたのひきざん まとめ

①
$$\begin{array}{r} 56 \\ -32 \\ \hline \end{array}$$

②
$$\begin{array}{r} 35 \\ -10 \\ \hline \end{array}$$

③
$$\begin{array}{r} 26 \\ -23 \\ \hline \end{array}$$

④
$$\begin{array}{r} 67 \\ -39 \\ \hline \end{array}$$

⑤
$$\begin{array}{r} 40 \\ -15 \\ \hline \end{array}$$

⑥
$$\begin{array}{r} 63 \\ -57 \\ \hline \end{array}$$

⑦
$$\begin{array}{r} 53 \\ -1 \\ \hline \end{array}$$

⑧
$$\begin{array}{r} 22 \\ -5 \\ \hline \end{array}$$

⑨ $13-6-4=$

⑩ $24-7-8=$

⑪ $33-2-5=$

⑫ $73-6-9=$

⑬ $56-7-6=$

⑭ $62-4-3=$

⑮ $32-19=$

⑯ $71-55=$

⑰ $84-36=$

⑱ $47-28=$

A83 はってんもんだい (＋か－)

◯のなかに　＋か－を　いれましょう。

① 6◯2＝4　　② 8◯1＝7

③ 4◯0＝4　　④ 7◯2＝9

⑤ 9◯3＝6　　⑥ 3◯3＝6

⑦ 6◯2＝8　　⑧ 2◯2＝4

⑨ 9◯2＝7　　⑩ 4◯3＝7

⑪ 4◯3＝1　　⑫ 5◯3＝2

⑬ 4◯4＝8　　⑭ 7◯5＝2

⑮ 9◯4＝5　　⑯ 9◯0＝9

⑰ 5◯4＝1　　⑱ 3◯0＝3

⑲ 6◯0＝6　　⑳ 4◯4＝0

A84 2けたのひきざん まとめ (ぶんしょうもんだい)

つぎのしきになるような　ぶんしょうの　もんだいをつくって
こたえも　だしましょう

① 2＋7＝（　　　）

ひっさん

こたえ

② 16－8＝（　　　）

ひっさん

こたえ

③ 13＋6＝（　　　）

ひっさん

こたえ

ドリルAのこたえ

A1	（16頁）	①2　②3　③4　④5　⑤4　⑥5　⑦3　⑧5　⑨4　⑩5
A2	（17頁）	①1　②1　③4　④1　⑤3　⑥2　⑦1　⑧3　⑨2　⑩2
A3	（18頁）	①3　②5　③1　④4　⑤0　⑥2　⑦5　⑧3　⑨4　⑩1　⑪2
		①3　②5　③5　④0　⑤5　⑥4　⑦4　⑧2
A4	（19頁）	①0　②3　③1　④0　⑤0　⑥4　⑦2　⑧0　⑨0　⑩0　⑪5
		①1　②4　③0　④4　⑤1　⑥0　⑦0　⑧1
A5	（20頁）	❶①5　②5　③4　④3　⑤4　⑥4　⑦5　⑧5　⑨1　⑩0
		❷①1　②2　③2　④1　⑤1　⑥3　⑦2　⑧0　⑨1　⑩0
A6	（22頁）	①7　②8　③7　④9　⑤6　⑥6　⑦9　⑧8
A7	（23頁）	❶①8　②7　③9　④7　⑤9　⑥8　⑦6　⑧8　⑨9　⑩9
		❷①8　②9　③6　④9　⑤8　⑥9　⑦8　⑧7　⑨9　⑩7
A8	（24頁）	❶①6　②6　③7　④7　⑤6　⑥8
		❷①7　②9　③6　④9　⑤7　⑥7　⑦9　⑧6
A9	（25頁）	①4＋3＝7　7ひき　②4＋5＝9　9わ　③6＋3＝9　9にん
A10	（26頁）	①2　②5　③4　④5　⑤5　⑥3　⑦5　⑧1
A11	（27頁）	❶①6　②8　③6　④8　⑤6　⑥7　⑦7　⑧7　⑨9　⑩6
		❷①2　②1　③1　④0　⑤0　⑥1　⑦0　⑧3　⑨2　⑩0
A12	（28頁）	❶①4　②2　③3　④4　⑤4　⑥3
		❷①3　②6　③2　④5　⑤0　⑥4　⑦5　⑧9
A13	（29頁）	①9－2＝7　7こ　②8－4＝4　4さつ　③9－5＝4　4こ
A14	（30頁）	❶①5　②9　③9　④7　⑤5　⑥7　⑦7　⑧7　⑨8　⑩9
		❷①5　②1　③3　④0　⑤6　⑥8　⑦2　⑧6　⑨3　⑩1
A15	（31頁）	❶①6　②6　③4　④6　⑤6　⑥0　⑦7　⑧1　⑨2　⑩0
		❷①0　②4　③7　④8　⑤5　⑥9　⑦5　⑧7　⑨5　⑩2
A16	（33頁）	①8　②7　③8　④3　⑤8　⑥9　⑦9　⑧6　⑨7　⑩9
		⑪6　⑫9　⑬9　⑭5
A17	（34頁）	①3　②7　③3　④7　⑤6　⑥4　⑦8　⑧9　⑨5　⑩9
		⑪8　⑫7　⑬7　⑭2　⑮4　⑯9
A18	（35頁）	①2　②1　③3　④0　⑤1　⑥7　⑦5　⑧3　⑨4　⑩1
		⑪0　⑫2　⑬2　⑭3
A19	（36頁）	①2　②2　③4　④3　⑤5　⑥8　⑦2　⑧5　⑨0　⑩7
		⑪0　⑫4　⑬4　⑭2　⑮6　⑯7
A20	（37頁）	①4＋5＝9　9こ　②6＋3＝9　9だい　③4＋3＝7　7わ
A21	（38頁）	①8－5＝3　3にん　②9－7＝2　2ひき　③6－4＝2　2わ
A22	（39頁）	❶①9　②8　③8　④7　⑤9　⑥6　⑦8　⑧8　⑨9　⑩9

❷①9　②9　③7　④9　⑤7　⑥9　⑦9　⑧9　⑨1　⑩5

A23（40頁）　❶①1　②3　③1　④0　⑤2　⑥2　⑦0　⑧2　⑨1　⑩2

❷①1　②3　③4　④0　⑤1　⑥1　⑦2　⑧0　⑨1　⑩1

A24（41頁）　①9　②9　③7　④9　⑤6　⑥8　⑦8　⑧8　⑨9　⑩8

⑪8　⑫7　⑬9　⑭7　⑮7　⑯7　⑰3＋2＝5　5わ

A25（42頁）　①5　②1　③2　④3　⑤4　⑥4　⑦1　⑧3　⑨2　⑩3

⑪5　⑫3　⑬2　⑭2　⑮1　⑯8　⑰7－3＝4　4こ

A26（44頁）　①にじゅうはち　②さんじゅうきゅう　③よんじゅうよん

④ななじゅうろく　⑤ろくじゅう　⑥はちじゅういち

⑦さんじゅうなな　⑧じゅういち　⑨ななじゅうよん

⑩ななじゅうなな　⑪はちじゅうなな　⑫きゅうじゅうよん

⑬ろくじゅう　⑭ろくじゅうなな　⑮はちじゅうはち

⑯じゅうよん　⑰よんじゅうさん　⑱じゅう

⑲よんじゅうなな　⑳よんじゅう　※その他の読み方でもいいですよ。

A27（45頁）　①32　②64　③42　④88　⑤71　⑥22　⑦99　⑧77　⑨14　⑩80

⑪53　⑫27　⑬16　⑭84　⑮11　⑯47　⑰74　⑱37　⑲92　⑳61

A28（46頁）　①6から29まで

6	7	8	9	10	11	12	13	14	15	16
17	18	19	20	21	22	23	24	25	26	27
28	29									

②63から82まで

63	64	65	66	67	68	69	70	71	72	73
74	75	76	77	78	79	80	81	82		

③34から61まで

34	35	36	37	38	39	40	41	42	43	44
45	46	47	48	49	50	51	52	53	54	55
56	57	58	59	60	61					

④72から99まで

72	73	74	75	76	77	78	79	80	81	82
83	84	85	86	87	88	89	90	91	92	93
94	95	96	97	98	99					

A29（47頁）　①42　②30　③46　④10　⑤32　⑥88　⑦60　⑧28　⑨96　⑩7

⑪ななじゅう　⑫ごじゅうご　⑬にじゅうなな　⑭はちじゅう　⑮にじゅう

⑯ななじゅう　⑰ごじゅうよん　⑱きゅうじゅうなな　⑲よん　⑳にじゅう

A30（48頁）　①10　②10　③10　④10　⑤10　⑥9　⑦10　⑧10　⑨9　⑩10

⑪8　⑫9　⑬9　⑭8　⑮7　⑯9　⑰10　⑱6　⑲10　⑳8

A31（49頁）　❶①9　②10　③10　④10　⑤9　⑥9　⑦9　⑧9　⑨10　⑩10

❷①10　②10　③10　④10　⑤10　⑥10　⑦10　⑧10　⑨10　⑩10

A32（50頁）　**1** ①5　②6　③8　④4　⑤9　⑥3　⑦1　⑧7　⑨2　⑩0

2 ①2　②1　③3　④4　⑤6　⑥8　⑦5　⑧7

A33（51頁）　①3　②1　③0　④0　⑤1　⑥0　⑦4　⑧1　⑨2　⑩0

①3　②6　③4　④9　⑤1　⑥7　⑦2　⑧5

A34（52頁）　①3　②2　③2　④2　⑤3　⑥5　⑦5　⑧2　⑨1　⑩4

⑪1　⑫3　⑬1　⑭1　⑮3　⑯5

A35（53頁）　①6　②3　③2　④1　⑤2　⑥8　⑦7　⑧4　⑨7　⑩6

⑪6　⑫5　⑬4　⑭4　⑮1　⑯3

A36（55頁）　①14　②14　③12　④13　⑤14　⑥13　⑦15　⑧15　⑨12　⑩11

⑪14　⑫13　⑬13　⑭12　⑮11　⑯14

A37（56頁）　①15　②15　③17　④15　⑤16　⑥16　⑦15　⑧16　⑨12　⑩13

⑪11　⑫11　⑬11　⑭11　⑮11　⑯12

A38（57頁）　①15　②18　③11　④10　⑤15　⑥16　⑦12　⑧13　⑨10　⑩11

⑪18　⑫10　⑬11　⑭10　⑮13　⑯14

A39（58頁）　①12　②14　③11　④18　⑤11　⑥13　⑦14　⑧16　⑨17　⑩13

⑪12　⑫14　⑬11　⑭16　⑮15　⑯11

A40（59頁）　①12　②16　③11　④13　⑤13　⑥12　⑦11　⑧17　⑨10　⑩14

⑪14　⑫12　⑬14　⑭14　⑮13　⑯12　⑰15　⑱18　⑲11　⑳10

A41（60頁）　①15　②17　③13　④18　⑤19　⑥17　⑦17　⑧18　⑨19　⑩19

⑪16　⑫17　⑬19　⑭18　⑮18　⑯19　⑰17　⑱17　⑲11　⑳18

A42（61頁）　①7＋9＝16　16こ　②5＋8＝13　13にん　③8＋7＝15　15ひき

A43（63頁）　①8　②7　③6　④5　⑤9　⑥6　⑦6　⑧5　⑨4　⑩3

⑪2　⑫4　⑬2　⑭4　⑮1　⑯3

A44（64頁）　①5　②5　③5　④5　⑤4　⑥4　⑦3　⑧8　⑨6　⑩8

⑪9　⑫6　⑬7　⑭8　⑮9　⑯7

A45（65頁）　①9　②8　③8　④9　⑤7　⑥9　⑦9　⑧8　⑨6　⑩4

⑪7　⑫6　⑬6　⑭7　⑮8　⑯5

A46（66頁）　①7　②6　③6　④8　⑤4　⑥8　⑦4　⑧9　⑨7　⑩3

⑪5　⑫8　⑬5　⑭9　⑮7　⑯4

A47（67頁）　①9　②4　③3　④7　⑤8　⑥1　⑦8　⑧7　⑨9　⑩3

⑪8　⑫9　⑬5　⑭2　⑮6　⑯8

A48（68頁）　①6　②4　③3　④7　⑤8　⑥8　⑦8　⑧8　⑨5　⑩9

⑪9　⑫5　⑬8　⑭5　⑮6　⑯7　⑰9　⑱9　⑲9　⑳7

A49（69頁）　①7　②6　③6　④2　⑤2　⑥7　⑦7　⑧8　⑨9　⑩4

⑪9　⑫6　⑬4　⑭5　⑮5　⑯9　⑰8　⑱5　⑲7　⑳1

A50（70頁）　①14－7＝7　7こ　②12－9＝3　3こ　③15－8＝7　7ひき

A51（71頁）　①15　②16　③16　④17　⑤16　⑥4　⑦4　⑧5　⑨7　⑩4

⑪11　⑫14　⑬7　⑭8　⑮16　⑯13　⑰11　⑱9　⑲8　⑳3

A52（72頁）　①8＋5＝13　13こ　②12－7＝5　5こ　③8＋7＝15　15にん

A53（74頁）　①69　②88　③96　④88　⑤67　⑥35　⑦98　⑧98　⑨97　⑩57
⑪68　⑫95　⑬65　⑭69　⑮97　⑯89

A54（75頁）　①65　②99　③86　④88　⑤94　⑥48　⑦74　⑧98　⑨65　⑩92
⑪80　⑫80　⑬80　⑭90　⑮70　⑯90

A55（76頁）　①39　②47　③57　④47　⑤56　⑥28　⑦17　⑧83　⑨27　⑩19
⑪81　⑫59　⑬70　⑭90　⑮30　⑯10

A56（77頁）　①76　②39　③47　④57　⑤84　⑥53　⑦79　⑧26　⑨13　⑩38
⑪24　⑫75　⑬30　⑭90　⑮40　⑯10

A57（78頁）　①86　②94　③83　④93　⑤91　⑥65　⑦86　⑧82　⑨75　⑩92
⑪83　⑫81　⑬38　⑭64　⑮84　⑯91

A58（79頁）　①70　②90　③60　④90　⑤90　⑥80　⑦50　⑧90　⑨80　⑩80
⑪80　⑫60　⑬90　⑭80　⑮80　⑯50

A59（80頁）　①34　②58　③21　④84　⑤43　⑥43　⑦61　⑧23　⑨20　⑩30
⑪80　⑫70　⑬40　⑭90　⑮50　⑯60

A60（81頁）　①62　②56　③31　④91　⑤24　⑥43　⑦72　⑧42　⑨70　⑩80
⑪40　⑫20　⑬30　⑭50　⑮90　⑯40

A61（82頁）　①59　②70　③31　④83　⑤92　⑥99　⑦82　⑧92　⑨50　⑩71
⑪90　⑫88　⑬46　⑭82　⑮46　⑯27

A62（83頁）　①21　②70　③69　④75　⑤62　⑥76　⑦85　⑧22　⑨85　⑩41
⑪71　⑫73　⑬30　⑭81　⑮37　⑯71

A63（84頁）

①	②	③	④	⑤	⑥
23	61	54	39	18	25
＋34	＋10	＋19	＋ 2	＋ 6	＋36
57	71	73	41	24	61

⑦	⑧	⑨	⑩	⑪	⑫
2	32	66	5	80	9
＋88	＋44	＋27	＋67	＋13	＋30
90	76	93	72	93	39

A64（85頁）　①55　②34　③24　④79　⑤38　⑥50　⑦30　⑧20　⑨41　⑩81
⑪44　⑫79　⑬87　⑭37　⑮90　⑯82　⑰73　⑱80　⑲82　⑳90

A65（86頁）　①7＋16＝23　23こ　②17＋15＝32　32人《にん》　③78＋9＝87　87さつ

A66（87頁）　①30＋20＝50　50円《えん》　②17＋5＝22　22ひき　③38＋50＝88　88わ

A67（89頁）　①22　②13　③51　④25　⑤17　⑥16　⑦21　⑧12　⑨21　⑩52
⑪41　⑫13　⑬65　⑭44　⑮24　⑯23

A68（90頁）　①49　②23　③35　④28　⑤15　⑥27　⑦20　⑧20　⑨40　⑩60
⑪50　⑫10　⑬30　⑭20　⑮30　⑯10

A69（91頁）　①64　②26　③71　④43　⑤48　⑥62　⑦35　⑧12　⑨50　⑩30
⑪70　⑫60　⑬50　⑭30　⑮90　⑯20

A70（92頁）　①2　②4　③3　④2　⑤7　⑥4　⑦2　⑧9　⑨0　⑩0

⑪0　⑫0　⑬0　⑭0　⑮0　⑯0

A71（93頁）　①59　②39　③24　④39　⑤19　⑥28　⑦12　⑧47　⑨17　⑩47
⑪48　⑫15　⑬19　⑭23　⑮28　⑯38

A72（94頁）　①33　②12　③28　④15　⑤16　⑥47　⑦29　⑧31　⑨24　⑩27
⑪53　⑫69　⑬38　⑭26　⑮19　⑯11

A73（95頁）　①64　②58　③39　④48　⑤27　⑥48　⑦79　⑧64　⑨43　⑩21
⑪15　⑫86　⑬57　⑭32　⑮74　⑯28

A74（96頁）　①7　②6　③8　④5　⑤7　⑥9　⑦7　⑧8　⑨1　⑩3
⑪4　⑫2　⑬8　⑭5　⑮6　⑯7

A75（97頁）　①42　②43　③96　④4　⑤31　⑥38　⑦16　⑧80　⑨60　⑩13
⑪30　⑫2　⑬20　⑭33　⑮45　⑯39

A76（98頁）　①60　②9　③0　④62　⑤0　⑥7　⑦12　⑧46　⑨55　⑩30
⑪2　⑫80　⑬7　⑭11　⑮20　⑯7

A77（99頁）
① $\begin{array}{r}61\\-38\\\hline 23\end{array}$　② $\begin{array}{r}74\\-52\\\hline 22\end{array}$　③ $\begin{array}{r}50\\-\ 8\\\hline 42\end{array}$　④ $\begin{array}{r}50\\-30\\\hline 20\end{array}$　⑤ $\begin{array}{r}76\\-29\\\hline 47\end{array}$　⑥ $\begin{array}{r}63\\-63\\\hline 0\end{array}$

⑦ $\begin{array}{r}50\\-31\\\hline 19\end{array}$　⑧ $\begin{array}{r}48\\-19\\\hline 29\end{array}$　⑨ $\begin{array}{r}34\\-\ 7\\\hline 27\end{array}$　⑩ $\begin{array}{r}48\\-40\\\hline 8\end{array}$　⑪ $\begin{array}{r}69\\-62\\\hline 7\end{array}$　⑫ $\begin{array}{r}80\\-\ 0\\\hline 80\end{array}$

A78（100頁）　①11　②10　③22　④40　⑤16　⑥29　⑦47　⑧16　⑨29　⑩33
⑪28　⑫62　⑬47　⑭15　⑮49　⑯18　⑰25　⑱33　⑲71　⑳88

A79（101頁）　①37－4＝33　33人《にん》　②26－18＝8　8だい　③50－45＝5　5円《えん》

A80（102頁）　①34－28＝6　子《こ》どもが6人《にん》おおい　②31－23＝8　キャップが8こおおい
③95－65＝30　なしが30円《えん》たかい

A81（103頁）　①99　②87　③87　④38　⑤70　⑥39　⑦32　⑧98　⑨91　⑩82
⑪61　⑫92　⑬60　⑭71　⑮95　⑯94　⑰61　⑱73

A82（104頁）　①24　②25　③3　④28　⑤25　⑥6　⑦52　⑧17　⑨3　⑩9
⑪26　⑫58　⑬43　⑭55　⑮13　⑯16　⑰48　⑱19

A83（105頁）　①－　②－　③＋/－　④＋　⑤－　⑥＋　⑦＋　⑧＋　⑨－　⑩＋
⑪－　⑫－　⑬＋　⑭－　⑮－　⑯＋/－　⑰－　⑱＋/－　⑲＋/－　⑳－

A84（106頁）　①うさぎ小《こ》やに　白《しろ》うさぎが2わ　くろうさぎが7わ　います。うさぎはぜんぶで　なんわいますか。2＋7＝9　9わ
②おかあさんと　クッキーを16まいつくりました。8まいはくるみクッキーでのこりは　チョコチップクッキーです。チョコチップクッキーはなんまいですか。16－8＝8　8まい
③こうえんで　子《こ》どもが　13人《にん》　あそんでいました。あとから　6人《にん》　やってきました。ぜんぶで　なん人《にん》に　なりましたか。13＋6＝19　19人《にん》

ゆっくり学ぶ子のための
さんすうドリル A

連絡先
遠山真学塾
〒180-0022　東京都武蔵野市境1-3-5　浅見ビル4階
（JR中央線「武蔵境」駅前）
電話　0422-54-4709
Fax　0422-54-4425
E-mail　to-yama-100@kke.biglobe.ne.jp
ホームページ　www2u. biglobe.ne.jp/~ogasa/

2001年12月30日　初版発行
2022年 2 月10日　第 9 刷

編　者　遠 山 真 学 塾
（主宰・小笠　毅）
発行者　山 脇 由 紀 子
印　刷　㈱ 深 高 社
モリモト印刷㈱

発行所　東京都千代田区飯田橋 4-4-8 東京中央ビル内　**同 成 社**
TEL 03-3239-1467　振替 00140-0-20618

ISBN978-4-88621-238-2 C6041